디지털 세상을 살아가는 핵심 비결

디지털의 힘

디지털 세상을 살아가는 핵심 비결
디지털의 힘

초판 발행   2022년 8월 22일 (초판 1쇄)

지은이   이혜정, 김혜경, 최옥주, 변향미
펴낸곳   헤르몬하우스
펴낸이   최영민

디자인   홍민지
인쇄제작   미래피앤피

주소   경기도 파주시 신촌로 16
전화   031-8071-0088
팩스   031-942-8688
전자우편   hermonh@naver.com
등록일자   2015년 03월 27일
등록번호   제406-2015-31호

ISBN   979-11-92520-03-2 (13000)

※ 온라인 주소와 이미지는 시기에 따라 변경될 수 있음을 알려드립니다.

디지털 세상을 살아가는 핵심 비결

디지털의 힘

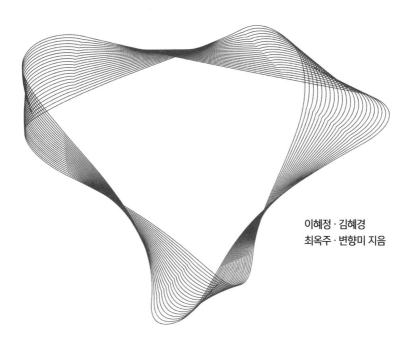

이혜정 · 김혜경
최옥주 · 변향미 지음

헤르몬
HERMONHOUSE

'테라포밍'[1]'terraforming'이라는 말을 들어 봤나요?

지구를 뜻하는 테라terra와 형성을 뜻하는 포밍forming이 합쳐진 단어로, 화성, 금성 등의 행성을 개조하여 인간이 살 수 있게끔 지구화地球化하는 과정을 말합니다. 정말 어렵겠다는 생각이 드시죠? 하지만, 이 어려운 도전을 한 기업가로 일론 머스크를 들 수 있습니다. 2002년 시작된 'Space X'는 지금도 활발하게 진행되고 있습니다. 갑자기 지구를 버리고 우주로 가자고 이야기를 한 개념이 아닙니다. 코로나19 이후 디지털 공간상에서 더 많은 사람들의 비대면 활동들이 늘어, 'ZOOM', 'Gather town' 등 다양한 비대면 툴 등에 적응을 해 나가고 있습니다. 코로나19로 인한 사회적 거리두기가 해제되고 다시 대면이 많아진다고 하더라도, 비대면 디지털 도구들을 이용해 장거리에 있는 사람들과의 교제는 계속 이뤄질 것입니다. 한번 편리함에 노출된 이상 그 편리

---

1 미국의 천문학자 칼 세이건(Carl Edward Sagan)이 1961년 금성의 테라포밍을 제안하면서 등장한 개념. 화성, 금성 등의 행성을 개조하여 인간의 생존이 가능할 수 있게끔 지구화(地球化)하는 과정을 일컫는다.

함을 포기할 수 없다는 뜻이기도 합니다.

코로나 팬데믹 이후 디지털과 친하지 않았던 사람들도 많은 일상을 온라인상에서 보내게 되었습니다. 이를 온라인상에 확장된 세계라는 뜻으로 '디지털 지구'라고 부를 수 있습니다. 화성, 금성을 지구화하는 것은 엄청난 예산과 시간적 한계 그리고 기술적 한계를 가지고 있지만, 디지털 지구에 이주하는 것은 1~2년 만에 무자본으로 활동의 영역을 넓혀나갈 수 있는 일이니 배울 가치는 무궁무진합니다.

하지만 디지털 지구에 들어가는 일 역시 배우지 않으면 어려운 일이라고 생각합니다. 그 이유는 세계적으로 1970년대 이후 디지털 혁명인 '3차 산업혁명'이 일면서 미국에서는 개인용 컴퓨터가 보급되기 시작했지만, 우리나라의 경우에는 전쟁 이후, 베이비부머들이 한창 경제활동을 하는 1970년 초 농촌의 현대화를 위해 '새마을 운동'이 시작되었던 때입니다. 컴퓨터는 이후 X세대[2]들부터 대중화되었습니다. 이렇게 새로운 기술이 등장하고 배워나가는 것이 자연스러운 일이듯, 현재 MZ세대들이 X세대와는 다르게 최신 기술에 더 많이 노출되고 활용할 확률은 높지만, 반면 제가 강사로 일하면서 이 역시 관심의 문제, 그리고 얼마나 배우려고 노력하는가의 문제지 단순히 나이, 세대의 문제가 아니었음을 깨달았습니다.

실질적으로 MZ세대라고 해서 전부 유튜브를 잘하고, 본인 스스로가

---

2 제2차 세계 대전 이후 베이비 붐이 끝난 뒤에 서구에서 태어난 세대 엄밀하게 정해진 시간 기준은 없지만, 보통 미국 기준 1965~1981년생을 말한다.

가상공간을 활용해 모임을 하고, 제페토 공간에서 친구들과 어울리는 것을 모두 좋아한다고 할 수 있을까요? 그 역시 확률적으로 그 세대의 많은 인구가 할 가능성이 크다는 것뿐입니다. 개별적으로 보면 아직도 많은 분들이 '디지털 지구'를 어려워한다는 점을 발견했습니다. 하지만 겁먹을 일만은 아닙니다. 하나씩 하나씩 관심을 가지고 배워나가다 보면 어느새 새로운 세상에 발을 들여놓고 즐기고 있는 자신을 발견할 것입니다.

그래서 4명의 저자가 뭉쳤습니다. 실질적으로 디지털을 일상에, 출판에, 취미에, 그리고 강의에 입히면서 새로운 부의 지도를 그려나가는 것을 경험했고, 이를 책에 담아 더 많은 사람들에게 전파하면 좋겠다는 생각이 들었습니다. 여러분들도 이 책을 통해서 충분히 '디지털 지구'에 이주하고 정착할 수 있으리라 생각합니다.

첫 번째 파트는, '디지털쉐프'라는 브랜드명으로 활동하고 있는 이혜정 저자인 제가 현재 WEB2.0시대 '유튜브', '블로그', '인스타그램', '페이스북' 등의 플랫폼들을 이용해 디지털 지구인으로 살아가도록 많은 정보를 나누어주며 기업과 개인에게 실제적인 도움을 주고 있는 이야기를 서술합니다. 최근 미래의 WEB3.0으로 대두될 블록체인 기반의 '메타버스', 'NFT'를 공부하며, 변화하는 디지털 지구 시대를 살아가는 전반적인 기술을 소개합니다.

두 번째 파트는, 펀펀힐링센터 대표로 활동하고 있는 닉네임 '푸른햇살' 김혜경 저자가 자신의 오프라인 교육의 장점과 디지털 강사로서 활동한 이력, 그리고 자연스럽게 종이 글쓰기, 책 쓰기에서 전자책 글쓰기까지 도전하면서 새로운 일자리를 창출하고 있는 이야기를 서술합니다. 코로나 위기를 기회로, 또 다른 영역을 새롭게 만들어가는 '어쩌다 N잡러'의 이야기와 실제적으로 전자책을 플랫폼에 등록하는 과정을 상세히 기술합니다.

세 번째 파트는 '꼼지락덕후' 최옥주 저자의 이야기로, 손으로 꼼지락 꼼지락 만드는 취미를 계속 온라인상에 포스팅하면서 현재 일일 방문자 2,000명~3,000명 이상이 들어오는 '블로그'를 운영하고 있습니다. 또한 자신의 아날로그 취미를 온라인을 통한 활발한 소통을 이어나가며 스마트 스토어를 운영하고 있습니다. 최근 3D 메타버스 플랫폼인 제페토에서도 의상을 디자인하며, 꼼지락 취미로 새로운 제페토 크리에이터의 직업으로 디지털 지구인으로 살고 있습니다. 따라서 누구나 쉽게 제페토 크리에이터가 될 수 있는 방법들을 소개합니다.

마지막 파트는 변향미긍정교육연구소 대표인 '긍정마스터' 변향미 저자의 글로, 저자는 부모교육 강사, 진로교육 강사로서 20여 년을 강의 현장에서 일하며 최근 코로나19 이후 누구보다 발 빠르게 디지털 흐름에 올라타 어려운 시기도 잘 극복하고 왕성한 활동을 이어나가고 있습니다. 따라서 다양한 온라인 교육 도구들을 소개하고, 디지털 지구에는 화려한 빛만 있는 것이 아니라 그림자도 있기에 어떤 점들을 조심해야 할지 교육자의 입장에서 정리했습니다.

우리는 이 책이 디지털 세상과 친하지 않거나 친해지고 싶은데 방법

을 몰라 아직도 어려운 부분이 있는 사람들, 그리고 온라인을 활용해
부가가치를 높이고 싶은 방법들을 궁금한 분들에게 안내하는 친절한
안내서가 될 것이라 생각합니다.

"우리 디지털 지구에서 만나요!"

2022년 6월 공저자 이혜정

"디지털 세계는 넓고 할 일은 많다.
아날로그 세대인 나도 한다."

2022년 봄, 새로운 배움을 시작했다. 독서와 논리적 글쓰기를 배워 자신을 가다듬어 보고 싶었다. 그러나 4차 문명혁명이라고도 불리는 이 시대에 뭔가 시너지 효과를 낼 수 있는 플러스알파가 필요함을 느끼고 있었다.

서서히 다가오던 디지털 세계는 코로나로 인해 갑작스럽게 더 빨리, 더 깊이 일상 속으로 들어왔다. 나는 그냥 가만히 있었는데, 내가 무슨 잘못을 했기에, 세상이 나를 키오스크 앞에서 우물쭈물, 인터넷 속에서 길을 잃고 방황하게 만든단 말인가?

그러나 꿈꾸고 배우고자 한다면 기회가 온다고 했던가? 독서를 통해 만난 메타디지털 평생교육원 이혜정 원장님과 만남이 컴맹 수준인 나를 디지털의 세계로 입문하게 해 주었다. 젊은이들이야 생활 자체가 디지털이지만, 나처럼 퇴직을 앞둔 아날로그 세대들에게는 디지털 자체에 대한 어려움과 낯선 문명에 대한 두려움을 가지고 있다.

이혜정 원장님과의 만남을 통해 나는 디지털에 대한 새로운 접근 방식을 알아가고 있다. 왜 디지털 접근이 필요한지, 자신만의 정체성을 가진 퍼스널 브랜딩의 방법, 디지털 세계로 전환하기 위한 여러 가지 활용 도구들을 배우고 활용하며 연습 중에 있다.

특히 원장님께서는 타인의 지식재산권 보호, 개인정보보호 등 윤리적 측면을 강조하시어 속도전에만 치우쳐 간과하기 쉬운 부분들을 첫 만남에서부터 강조하셨다. 이것이 진정 디지털 세계에서 반드시 지켜져야 할 사항들이 아닌가. 디지털을 요리하시는 디지털 쉐프 이혜정 원장님의 철학이 담긴 가르침이었다.

최근에는 N잡과 1인 기업가들이 늘어나고 있고, 100세 시대를 살아야 하는 나와 같은 50~60대들에게는 막연한 두려움에 회피하기보다는 도전해야 한다. 한글 프로그램밖에 사용할 줄 몰랐던 나도 지금은 용기 내어 디지털 지구로 거처를 이동하고 있다.

이혜정 원장님과 진행한 프로젝트가 종료되면, 디지털교육지도사 자격증을 취득하여 나와 같은 아날로그 세대들에게 디지털의 무한한 세계로 안내할 원대한 꿈을 가지고 있다.

무엇부터 시작해야 할지 모른다면 이 책을 펼치고 그대로 따라 해보고 응용해 보길 권한다. 아는 만큼 보이고 활용할 수 있다. 이 책을 통해 당신 안에 잠자고 있는 도전정신이 되살아나는 계기가 되길 바라며, 디지털 세계로 안내해 주신 이혜정 원장님께 깊은 감사를 드린다.

- 강원도 동해시 평생교육센터 소장 전춘미

"자신의 경험에서 멈추지 않고,
주변 사람들까지 디지털 변화 속으로 동참시키시는
사랑과 열정의 김혜경 작가님"

늦은 나이에 철이 든 나는 요즘 세상에 대한 호기심으로 마구 도전을 날리고 있다. 새로운 세상과 새로운 사람과의 만남으로 내 삶이 더욱 풍요로와졌다. 작년 5월 김혜경 작가님의 전자책 강의를 들었다. 처음에는 학생들에게 세상의 변화와 막연히 전자책에 대해 알려주려는 욕심에 신청하였다. 듣다 보니 나도 전자책에 도전해 볼까 하는 생각이 들었다. 여고시절 글쓰기를 좋아해 문예반 활동을 한 경험이 강의를 듣는 내내 꿈질꿈질거렸다.

디지털 사회 속으로 들어가는 변화가 두려운 나에게 전자책 강의는 상당한 심적 부담을 안고 시작되었다. 일단 글쓰기는 시대를 막론하고 자신의 세계관과 감성으로 써야 하니 여기까지는 오케이. 그러나 스스로 출판까지(?) 이것은 전혀 생각지도 못한 부분이었다. 나의 이런 두려움을 너무도 잘 읽고 있던 작가님은 계속 용기를 주셨다. 결국, 전자책 강의가 끝날 즈음 '한번 도전해봐!!' 하는 용기가 생겼다. 갑자기 머릿속이 바빠졌다. 난 무엇을 배우면 반드시 학생들과 함께 써 봐야 하는 조바심이 있다.

겨울방학을 코앞에 두고 자신의 책을 내보고 싶은 학생들이 모였고 결국 출판까지 했다. 모든 과정을 이끌지는 못했다. 편집과 출판 부분은 외부강사님의 도움을 받아야 했다. 그 아이들이 중심이 되어 올해 '전자책 만들기 동아리'가 결성되었고 아이들은 이 작업을 통해 오늘도 성장중에 있다.

나의 책도 곧 출간을 앞두고 있다. 막연하게 생각했던 '책 한 권 쓰기'가 전자책 강의를 통해 현실로 만들어지고 있다. 김혜경 작가님 덕분이다. 아직도 이 순간이 믿기지 않는다. 책을 쓰는 동안 참 행복했다. 지금은 종이책으로 준비 중이나 곧 전자책으로도 도전하려 한다. '하나의 시작이 새로운 기회로 연결된다'는 김혜경 작가님의 경험을 실감하고 있다. 자신의 경험을 디지털 변화와 함께 멋지게 만들어 가시고, 언제나 현재 진행형인 김혜경 작가님의 삶의 태도와 능력에 놀랐다. 또한 기꺼이 주변 사람들까지 변화하는 세상 속으로 동참시키려는 사람에 대한 사랑과 열정에 감동했다.

이 책을 통해 많은 독자들이 자신의 내재된 능력을 재발견하고 디지털 세상에서 어떻게 살아나가야 할지 삶의 지혜와 지식을 얻을 수 있을 것이다. 김혜경 작가님의 '맛있는 전자책 여행' 강의를 책으로 만나게 되어 더없이 기쁘다. 이 시대를 살고 있는 사람들과 특히 다음 세대들이 디지털 세상속으로 즐겁게 들어가길 응원하며, 적극 추천한다.

- 상일여자고등학교 교사 신선희

"꼼지락덕후 최옥주 선생님은 손 내밀어주고,
내민 손 잡아주고, 이끌어주고 밀어주며
'인연'이라는 좋은 작품을 만들어가는 분"

그녀가 늘 '꼼지락꼼지락'하는 데는 다 이유가 있다.
나와 같은 사람들 때문…
'아날로그'도 제대로 못 하던 내게 '디지털'이라는 세상을 알려주고 이끌어준 분!
블로그, 스마트스토어, 유튜브, 1인 라이브 방송까지… 이런걸 할 수 있는 시작점이 되어주신 분이죠.
배우는 것도 중독, 도전도 중독, 나누는 것도 중독, 좋은 사람과 인연

을 맺는 것도 중독

지금하고 있는 '패턴아트'처럼 점과 점을 연결하여 작품을 만들 듯이 "하고자 하면 방법은 다 있다!", "해보지 않았기 때문이다!"라며 손 내밀어주고, 내민 손 잡아주고, 이끌어주고 밀어주며 '인연'이라는 좋은 작품을 만들어가는 분!

"오늘 있는 그대로 행복해!"

이렇게 외치며 하루하루 알차게 밀도 있게 생활하는 분!

늘 도와줘서 고마운데, 고맙다는 인사도 제대로 못 했는데, 이 자리를 빌려, "감사해요. 아주 많이… 아직 더 많이 배우고, 더 많이 가르쳐줄게 많으시겠지만, 거북이처럼 느리지만 즐겁게 놀 수 있는 '디지털 놀이터'를 만들어주셔서 저도 행복하게 잘 놀 수 있을 듯합니다."

이 책으로 인해 저와 같은 사람이 더 많이 '디지털 세계'로 들어올 수 있으면 좋겠습니다. 출간을 축하드립니다.

- 힐링 파트너 대표 박희자

"디지털 생존팩을 장착하고 용기와 실천력을 보여 준 변향미 작가님"

이 책의 원고를 받고 가장 먼저 든 느낌은 '아… 부럽다'였다. '부러우면 지는 거다'라는 말도 있지만, 똘똘 뭉친 4명의 작가를 나는 당당히 부러워할 거다. 고강도 사회적 거리두기로 세상은 잠시 멈추라 하였으나 저자들은 '유튜브', 'Zoom'을 비롯한 비대면 실시간 교육 도구들, 그리고 '디지털 출판', 'NFT'와 '메타버스'까지 섭렵하였다. 디지털 지구에서 생존하기 위한 강한 용기와 실천력을 보여준 저자들은 다른 교육자들이 주저할 때 한발 먼저 내딛는 아날로그 세대의 대표 주자들이다.

변향미 작가님은 평생교육 학습자들에게 기회와 가능성을 열어주는 교육자로서 디지털 생존 도구를 소개하는데 그치지 않고, 누구나 봉착했을 디지털 세상의 난관 앞에서 어떤 마음을 먹었으며 어떻게 용기 내어 도전하였는지 그 과정들을 생생하게 그려내고 있다. 저자의 이야기에 마냥 귀를 기울이기만 해도 어느새 센스있는 디지털 지구 교육자 마인드셋을 누구나 장착하게 될 것으로 기대된다.

온화한 미소에 힘이 실린 목소리까지 겸비한 변향미 작가님의 변신은 디지털 지구에서 벌벌 떨고 있을 마음 약한 교육자들에게 축복이다. 비대면 교육 강자로 거듭나기 위해 겪은 좌충우돌 이야기가 곁들여진 비대면 교육 도구 매뉴얼은 독자가 교육자로서 또는 학습자로서 어떻게 활용해야 할지에 대해 감각적으로 느낄 수 있도록 해준다. 나아가 디지털 시대의 긍정만 강조하지 않고 이면의 그림자를 언급함으로써 균형 감각까지 갖추는 데 도움이 된다.

이 책 한 권이면 디지털 지구에서 살아남기 위한 생존 팩을 하나 장착한 것과 다름없다.

- 서울대학교 행복연구센터 교육학박사 홍영일

차례

프롤로그 • 004
추천사 • 009

Part 1. 일상에 디지털을 입히자   023

1장 나의 디지털 닉네임을 만들자   027

     1. 나만의 디지털 닉네임 : 퍼스널브랜드 '디지털쉐프'   027
     2. 나를 알리자 : 셀프 디지털 마케팅   029
     3. 디지털 지구로 이전 : 디지털 전환호 탑승하기   031

2장 디지털 지구로 이전하는 필살기 공개   034

     1. 아날로그 세대의 디지털 옷 입기   034
     2. 연륜에 자신의 지혜를 로깅하자   036
     3. 쉬우면서 완성도 높은 동영상 제작법   039
     4. 누구나 쉽게 썸네일, 카드뉴스 만들기   046

3장 유튜브와 블로그, 지금이라도 시작하자   052

     1. 유튜브 시작하기   052
     2. 블로그 시작하기   058

4장 메타버스(metaverse) 세상에서 살아가기   066

     1. 메타버스(가상세계)   066
     2. 제페토 시작하기   073
     3. 제페토 크리에이터 되기   075
     4. 게더타운(gathertown)과 젭(ZEP)   084
     5. 가상세계와 NFT의 미래   088

Part 2. 출판에 디지털을 입히자   095

1장 어쩌다 N잡러   100

    1. 암환자의 첫 책 쓰기 도전 '암치유 맘치유'   100
    2. 암 환자의 재도전 '암, 내게로 와 별이 되다'   105
    3. 출판비 제로, 전자책의 세계   113

2장 맛있는 전자책 여행   119

    1. 전자책의 매력과 전망   119
    2. 전자책 플랫폼의 각 특징   121
    3. 내 책 기획하기   126
    4. 매력적인 제목 만들기   129
    5. 글쓰기 꿀팁 10가지   131
    6. 내 삶의 보석 찾기(목차 구성)   139
    7. 크몽 전자책 발행(전문가 등록과 서비스 등록)   143
    8. 유페이퍼 전자책 발행(전자책 등록과 ISBN 받기)   159

3장 디지털 글쓰기, 기록의 힘   167

Part 3. 취미에 디지털을 입히자   171

1장 으른이 된다면   176

   1. 무섭지만 배우고 싶은 것   176
   2. 자원봉사할 수 있어요   179

2장 힐링 여행 떠나요   181

   1. 힐링하는 패턴아트   181
   2. 무료(無聊)하지 않은 힐링 여행   185
   3. 똥손도 디자이너가 가능해요   187

3장 제페토 아이템 크리에이터 되기   189

   1. 아이템 만들기 PC : 그림판, 포토스케이프   190
   2. 아이템 만들기 휴대폰 : 디자인 플랫폼 미리캔버스   192
   3. 아이템 만들기 휴대폰 어플 : 이미지 사이즈   196
   4. 아이템 만들기 휴대폰 어플 : 이비스 페인트(ip)   199
   5. 아이템 만들기 PC : 포토샵   202

4장 꼼지락덕후 또 뭐해?   210

Part 4. 강의에 디지털을 입히자   213

1장 새로운 현실 앞에 서다   217
   1. 긍정 마스터, 코로나 때문에 그리고 덕분에   217
   2. 긍정 마스터, 배우는 전문가   219

2장 디지털 도구로 새로고침   224
   1. 줌   226
   2. 패들렛   230
   3. 잼보드   232
   4. 미리캔버스   234
   5. 멘티미터   236
   6. 캔바   238

3장 슬기로운 디지털 코칭 노하우   241
   1. 일단, 시작하라   243
   2. 가르치라   244
   3. 야! 나도 한다. 너도 하자   245
   4. 레벨업은 필수, 경험치는 노하우   247
   5. 기버가 돼라   248

4장 디지털 시대의 소통전략   251
   1. 빛, 디지털과 손잡고   252
   2. 그림자   255
   3. 디지털 소통방식   260

5장 디지털 세상   262

에필로그 • 268
저자소개 • 270
참고문헌 • 272

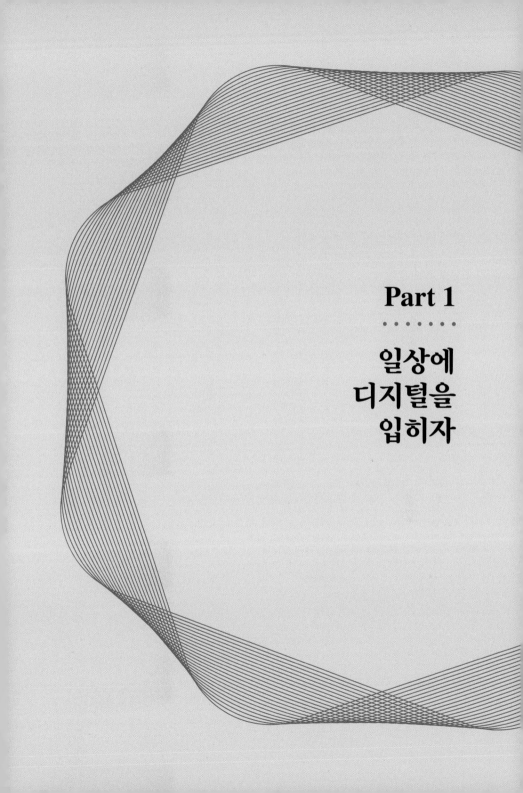

Part 1

일상에
디지털을
입히자

"디지털쉐프가 디지털 세상을 살아나가는 핵심 비결들"

스마트폰 하나로 뚝딱! 최근 모든 콘텐츠와 SNS를 스마트폰 하나로 디지털 생활을 하는데 초고속이라는 별칭이 생겼을 정도다. 그래서 남들보다 빠른 속도로 후기를 작성하고, 영상을 만들고 하루 24시간을 48시간으로 사는 듯하다.

외부에서 포토샵이나 프리미어 프로와 같이 복잡한 도구들을 이용해 강의하는 것도 많이 접했었지만, 디지털에 능한 나도 잘 이용하지 않으면 다른 사람들은 더 어려워할 것이다. 그래서 쉬운 방법을 찾아 동영상을 만들고 이미지 콘텐츠를 제작해서 '디지털쉐프 이혜정TV'를 유튜브에 개설했다.

내가 아는 디지털 기술이래 봐야 대단한 것도 없다. 컴퓨터 프로그래밍 수준도 아니고, 그저 요즘 나오는 스마트폰 앱들을 이용해 쉽게 사용 방법을 익히는 수준이다. 이렇게 별반 차이 나지 않는 기술력으로 어떻게 브랜딩을 하고 돈이 될 수 있게 만든다는 것일까? 그건 바로 적재적소에 맞는 디지털 도구들을 활용해 디지털 세상과 소통하는 데 필요한 콘텐츠들을 자유자재로 만들 수 있기 때문이다. 즉, 매일 쉬운 방식으로 디지털 콘텐츠(가령 블로그 글, 인스타그램 피드, 페이스북 뉴스피드, 유튜브 동영상 등)를 습관처럼 발행한다. 각 콘텐츠 들은 쓰임에 따라 활용하는 도구들의 종류와 방식이 다르다. 나름 그 도구들의 몇 가지만 필요하다는 점을 알면, 디지털 세상에서 자신의 브랜드를 만들어 활동하는 데 큰 어려움은 없다.

2년 전이나 지금이나 블로그를 쓰고, 유튜브를 하며, SNS를 취미 생활로 꾸준히 하고 있다. 아마 달라진 점이라면, 협찬을 받아서 블로그 글을 써주는 대신 공짜 점심과 공짜 물건들을 사용하는 횟수가 더 늘었고, 유튜브 구독자도 꾸준히 늘어 1,000명 가까이 되었다는 점, 그리고 SNS를 통해 나의 전문성을 더 알릴 수 있는 횟수가 늘었다는 점이다. 지금도 진행형이고, 새로운 직업을 창출할 기회를 계속 만들어가고 있다. 여전히 SNS로 기록해가며, 주변 사람들과 교제하고 디지털 세상을 잘 이용해 부가가치를 더 높여나가고 있다. PART 1은 '디지털쉐프'가 디지털 세상을 살아나가는 핵심 비결에 대해 설명하고자 한다.

:1장
나의 디지털 닉네임을 만들자

1. 나만의 디지털 닉네임 : 퍼스널브랜드 '디지털쉐프'

'국민MC' 하면 누가 바로 떠오르는가? '유재석'이다. '국민피겨요정'하면 '김연아', '국민마린보이' 하면 '박태환'이 떠오른다. 이렇게 특정 분야에 대해 먼저 그 사람이 떠오를 수 있는 것, 그게 바로 '퍼스널브랜드'이고 이렇게 브랜드를 구축해나가는 것을 '브랜딩branding'이라고 한다. 지난 무명의 시절 동안에는 아무도 알아주는 이 없어서 서러울 때도 있었지만, 이제는 디지털상의 기록으로뿐만 아니라 외부의 인지도도 많이 형성되었기 때문에 '디지털쉐프' 하면 이혜정이 자동으로 떠오르는 사람들이 많아졌다.

'디지털쉐프'는 디지털과 요리사라는 뜻의 쉐프의 합성어이다. '디지털쉐프'라고 별칭이 붙여지게 된 것은 디지털 교육을 하면서 요리 콘텐츠를 SNS Social Network Services에 꾸준히 올리다 보니, 지인이 툭하고 던져준 이름이다. 이렇게 온라인을 통해서 나의 특성과 개성을 발견해 제2의 이름과 같은 별칭, 즉 나의 '퍼스널브랜드'를 쉽게 만들어 사용할 수 있는 세상에 살아가고 있다. 최근 신조어로 이런 것을 '부캐(부 캐릭터)'라고 한다. 요즘은 나의 본캐(본 캐릭터, 제1직업)와 여러 개의 부캐를 갖고 살아가는 세상이 되었다.

과거에는 한 직장에서 퇴직할 때까지 커리어를 쌓는 것을 당연시하던 시대였다면 지금은 한 직장이 아닌 여러 개의 여러 직업들을 통해 돈을 버는 구조가 당연시되고 있다. 긱경제[3] gig economy라고 하여 다양한 임시직이 일반화되는 시대를 살아가고 있다. 뿐만 아니라 예전에는 특정 주제에 대해 전문가 집단의 영향력이 컸다면, 지금은 유튜브, 페이스북, 블로그 등 다양한 SNS 채널에서 자신이 정한 주제를 가지고 채널 운영을 통해 자신의 팬덤을 확보한 일반인들의 영향력이 큰 인플루언서[4] influencer 시대를 살고 있다.

---

3 긱경제(gig economy) : 기업에서 정규직을 고용하기보다 필요에 따라 임시직이나 계약직을 고용하여 시장의 수요에 대응하는 경향이 커지는 경제 추세를 일컫는다.

4 인플루언서(influencer) : 영향을 미치다라는 영어단어 'influence'에서 -er을 붙여 영향력을 행사하는 사람이라는 뜻으로 SNS를 통해 많은 구독자, 팔로워 수 등을 확보하여 자신의 콘텐츠가 사람들에게 영향을 미치는 그룹들을 의미한다.

2. 나를 알리자 : 셀프 디지털 마케팅

음식점에 가면 '물은 셀프'라는 단어를 많이 볼 수 있다. 물은 스스로 가져다가 마시라는 이야기다. 디지털 마케팅Digital Marketing은 전통적인 대중매체mass media를 이용해서 기업의 제품을 홍보하는 전통적인 스타일의 마케팅에 국한되는 것이 아니라, 다양한 디지털 기기를 활용한 모든 마케팅을 포괄하는 개념을 말한다. 그중에서도 SNS를 활용한 마케팅은 개인이 진행할 수 있는 가장 저비용의 고효율 마케팅 기법이라고 생각한다.

코로나19로 인한 경영난을 극복하기 위해 사장님들은 고정 비용을 줄이기 위한 자구책으로 직원들이 해주던 서비스를 '셀프서비스'로 돌리고, 무인 주문 시스템kiosk을 도입하는 등 점차 고객들이 스스로 하는 서비스로 전향하고 있다. 이런 시대적 흐름은 디지털에 대한 의존도를 더 높이고 다양한 무인 주문 시스템kiosk 교육 프로그램도 늘어나는 추세다 fig.1-1 .

fig.1-1 구글 플레이 스토어에 '키오스크 교육'이라고 검색하면 나오는 교육용 앱들

2020년 '한국판 뉴딜'은 침체한 경제 상황을 극복하기 위해 만든 정책이다. 2020년 4월 22일, 청와대에서 열린 제5차 비상경제회의에서, '한국판 뉴딜'을 대규모 국가 프로젝트로 추진하겠다는 구상을 밝히고 2025년까지 250만 개 수준의 일자리와 총 사업비는 220조 원 수준으로까지 확대할 전망이라고 지난 2021년 7월 뉴딜 2.0을 발표하였다 fig.1-2 .

'24년까지 총사업비(지방비 민단 등 포함)
160조 원(뉴딜 1.0) → 220조 원(+60조 원) 수준으로 확대 전망
국비는 114.1조 원 → 160조 원(+45.9조 원) 수준으로 확대

'22년 국비 23.2조 원 → 30조 원(+6.8조 원) 이상으로 확대

'20~'25년 일자리는 190만 개 → 250만 개 수준(+60만 개)으로 확대

fig.1-2 한국판 뉴딜 2.0 재정투자 규모

'디지털 뉴딜' 덕분인가 2020년 하반기에 전국 디지털 배움터 사업이 시작되었고, 경기지역 디지털 배움 강사로 위촉되었다. 디지털 배움 강사는 디지털 기초부터 심화까지 정해진 주제별로 지역별 디지털 교육 희망자들을 대상으로 강의를 진행하는 일을 했다. 약 6개월에 걸쳐서 프로젝트가 끝이 났고, 그다음 해인 2021년 상반기에도 경기 디지털 배움터 강사 모집이 또 전국 단위로 진행되었다.

그다음 해에도 경기 디지털 배움터 강사로 위촉이 되었고, 한국정보통신진흥협회에서 디지털 전환 강사로도 위촉이 되었다. 이렇게 디지

털 강사로서 자리매김하게 된 것은 '디지털쉐프'라는 퍼스널브랜드를 구축했기 때문이고, 강의에 도움이 될 자료들을 평상시에 유튜브에 평균 1일 1개꼴로 올린 노력 덕분이다.

2021년에는 하루 24시간 중에 자는 시간 빼고 나머지 시간을 거의 강의 일로 바빴다면 2022년에는 이제 강의 주제를 의뢰하고 내가 제안한 강의들을 기관에서 맞춰서 진행해 줄 정도로 대우도 좋아졌다. 이렇게 남들은 5년 이상을 일해야 전문강사로 인정을 받는다고 하는 강사 시장에서 단기간에 디지털 교육원 원장이 되고, 대우 받는 강사로 일취월장할 수 있었던 이유는 디지털 세상을 잘 이용했기 때문이다. 즉, 디지털 세상에 '디지털쉐프'라는 캐릭터를 구축하고 디지털 정보를 쉽게 전달하며 소통하는 캐릭터로써 비가 오나 눈이 오나 세상과 소통하고 있기 때문이다. 심지어 온라인상에 올라간 정보는 내가 자고 있는 동안에도 다른 누군가에게 정보를 제공하며 구독자를 늘리고, 조회 수, 조회 시간을 늘려준다. 결국 이 반복과 누적이라는 패턴이 해가 갈수록 더 견고해져 복리 효과처럼 '디지털을 요리하는 여자 : 디지털쉐프 이혜정'으로서 인지도와 부를 동시에 늘려주는 원동력이 되는 것이다.

3. 디지털 지구로 이전 : 디지털 전환호 탑승하기

2018년 온라인 마케팅 전문가 과정이라는 직업 과정을 이수하고,

e-커머스 시장에서 일을 시작했다. 고객들의 주문 형태가 디지털로 많이 전환되었고, 수수료율이 적은 자사 몰을 운영하는 회사들이 늘어나기 시작했다. 그리고 미디어 광고도 비싼 광고비용을 지불하는 광고가 아닌, 자체적인 SNS 채널을 운영함으로써 미디어 콘텐츠 연구에 더 열을 올리는 추세로 바뀌고 있었다.

미디어의 종류를 크게 3가지로 나눠볼 수 있다. 자사가 직접 운영하는 owned media, 돈을 지불하고 광고할 수 있는 paid media, 그리고 소비자들의 사용 후기처럼 자발적으로 자신의 SNS에 공유하는 earned media 이렇게 세 가지로 나눠볼 수 있고, 회사는 적절하게 이 미디어들을 혼합해서 디지털 마케팅에 사용하고 있다.

2020년 '인터넷 이용 실태조사 이용본' 자료[5]에 의하면, 국내 가구 99.7%가 인터넷 접속이 가능하다. 2000년대 초반 인터넷 사용이 서서히 높아지면서 2005년 이후 90%대를 유지하는 것은 다양한 영상 콘텐츠에 대한 이용률이 높아지고 스마트폰의 대중화가 영향을 미쳤다고 본다. 2005년 이후 도입된 유튜브, 그리고 스마트폰으로 인터넷 접속이 많아지면서 SNS 사용도 PC보다는 모바일로 접속하는 비중이 점점 커지고 있다.

이렇게 SNS 사용량이 많아지면서 주 타겟의 특징에 맞는 채널을 선택해서 사용법을 익히는 것도 도움이 된다. 한국지능정보사회진흥원의

---

5 출처 : https://www.nia.or.kr/site/nia_kor/ex/bbs/View.do?cbIdx=99870&bcIdx=23310&parentS eq=23310

2020년 '인터넷 이용 실태조사 이용본'에 의하면 2020년 SNS 이용 서비스 순위는 1위가 페이스북, 그리고 2위가 인스타그램, 3위가 카카오스토리이며, 가장 많이 이용하는 인스턴트 메신저는 압도적으로 99%가 카카오톡이다. 또한 가장 많이 이용하는 동영상 서비스로는 단연코 유튜브가 87.9%로 압도적으로 1위, 2위는 네이버, 3위는 넷플릭스다.

전반적으로 유튜브, 카카오톡, 페이스북, 인스타그램, 네이버 플랫폼의 지속적인 상승세 속에서 이런 SNS 플랫폼을 어떻게 활용하느냐에 따라 디지털 편차가 커지고 이 편차는 코로나19라는 팬데믹과 함께 단순히 정보의 격차를 넘어 부의 격차를 더 벌리는 상황에 이르렀다. 그래서 2020년부터 시작된 디지털 배움터 사업부터, 2021년에 시작된 디지털 전환 교육에 대한 수요처가 증대되고, 그 필요성과 실효성이 커지고 있다는 게 몸으로 확연히 느껴질 정도였다.

: 2장
디지털 지구로 이전하는 필살기 공개

1. 아날로그 세대의 디지털 옷 입기

아날로그는 무엇일까? 디지털 세상에서 아날로그 개인감성(줄여서 신조어로 깸성이라고 함)을 선호하는 디지털 세대들도 있을 것이고, 디지털 세상에서 잘 적응한 아날로그 세대들도 있을 것이다.

아날로그의 사전적 정의 살펴보면, ⁶'어떤 수치를 길이라든가 각도 또는 전류라고 하는 연속된 물리량으로 나타내는 일'이라고 한다. 여기서 '연속된'이라는 말이 눈에 들어온다. 디지털은 디지트digit라는 숫자로 표현하는 것을 의미하는 데 그중에서도 0과 1 이진수로 표현한다.

---

6 네이버 국어사전(표준국어대사전)

대표적인 예로 시계와 저울, 체중계를 생각해보자. 시계 중에 바늘로 시간을 표현하는 시계들은 정확한 시간보다는 대략적인 시간을 말해줄 수 있다. 하지만, 디지털 전자시계는 시간과 분이 정확하게 숫자로 표현되어 나온다. 저울도 디지털 전자저울의 경우는 정확한 숫자로 무게를 읽기 쉽게 표현한다. 대략적인 근사치에서 정확한 숫자로 보이게 결과가 처리되는 셈이다. 체중계도 마찬가지다. 아날로그로 처리되는 일들을 디지털로 처리해서 인간이 해석하기 쉽게 다시 아날로그 감성으로 보이기도 하는데, 이렇게 디지털 처리를 해주는 기계로 컴퓨터가 대표적이다.

컴퓨터가 대중화되고, 생활이 편리해지기 시작한 것은 대략 70년대 이후다. 예를 들어, 과거에는 문서 작성을 수기手記로 했다면, 컴퓨터 도입 이후에는 데이터를 컴퓨터에 입력하고 그 데이터를 전송하며 사람들이 보기 편한 형태로 출력하는 등의 방식으로 바뀌며 일의 능률이 향상되었다.

디지털의 발전을 기준으로 대한민국의 세대를 구분해보면, 전쟁 이후 자녀를 많이 출산한 세대로서 '베이비 붐' 세대는 대략 50~60년대 중반 정도 세대를 지칭하고, X세대는 대략 70년대 후반 또는 80년대 초반까지를 지칭한다. 그리고 80년대 후반부터 90년대 중반까지를 Y세대 또는 밀레니얼 세대(M 세대)라고 한다. 90년대 중반 이후는 알파벳의 끝인 'Z'를 이용해 Z 세대라고 한다. 또한 알파(α) 세대는 어려서부터 기술적 진보를 경험하며 자라나는 세대로, 2010~2024년에 태어난 이들을 지칭한다. 지금 기성세대가 키우고 있는 자녀들은 밀레니얼(M 세대)부터 Z 세대, 그리고 알파 세대까지 다양할 것이다. 아날로그 세대에 익숙한 베이비 붐 세대와 디지털 세상으로 이주하기 시작한 디지털 이주민인 X 세대들이 디지털 원주민 세대들을 키우고 이해하려면 어떻게 디지털을 이해하고 삶에서 디지털을 배워서 어떻게 이용할 것인가 고민하는 것은 필수가 되었다.

2. 연륜에 자신의 지혜를 로깅하자

아날로그 세대는 현재의 MZ 세대나 알파 세대들보다 몇십 년 만에 너무나도 급변하는 다른 세대를 살았기에 그 세대의 특성이 지금까지 유효한 것도 있고 유효하지 않아서 버려야 하는 특성도 가지고 있다. 하지만 시대적인 변화에도 바뀌지 않는 영속한 특성들, 삶의 지혜, 부모와 자녀의 사랑, 그리고 세상을 살아나가는 태도 등에 대해서만큼은 선배이고 선先생님이라고 할 수 있지 않을까?

라이프 로깅life logging이라는 말은 '삶을 기록한다'라는 뜻으로 특히, 일기장이나 다이어리 등에 아날로그식으로 기록하는 것보다는 블로그, 페이스북 등 자신의 SNS 상에 기록하는 것을 뜻한다. 특히, 유튜브의 사용이 두드러지게 높아진 것은 그만큼 코로나 19라는 팬데믹 상황을 거치면서 많은 사람들이 대면보다는 비대면으로 활동하는 것에 더 익숙해져 있고, 영상이라는 콘텐츠에 익숙해져 있다는 뜻으로 볼 수 있다. 과거에는 대중매체mass media라고 주로 TV 방송을 통해서 일방적으로 정보를 전달받았다면, 디지털 세상에서는 쌍방향으로 정보를 검증하고 참여하기 때문에 가짜 뉴스 등에 대해서도 검증이 훨씬 더 쉽고 빠르게 다각도로 이루어질 수 있다. 정보의 민주화가 이루어졌다는 면에서 과거보다는 디지털 세상의 긍정적인 측면도 찾아볼 수 있다. 연령별로 선호하는 SNS도 다르고 사용 빈도도 다르다.

2021년 정보통신정책연구원의 조사 결과에 의하면,[7] 10대와 20대의 경우, 가장 많이 사용하는 SNS 계정으로 페이스북 또는 인스타그램을 선택한 응답자가 약 81%에 달했고, 30대도 인스타그램이나 페이스북 계정을 가장 많이 사용한다고 응답한 비율이 73%로 높은 편이다. 30대는 20대와 유사하게 페이스북보다는 인스타그램에 대한 선호가 더 높게 나타났고, 40대는 페이스북이나 인스타그램의 사용 비중은 56%로 상대적으로 젊은 연령대에 비해 더 낮다. 50대와 60대는 조금 더 오래전에 나온 카카오스토리나 네이버 밴드 같은 SNS의 사용 비중이 높다. 이런 결과는 새로운 SNS 채널에 대한 습득이나 적응도가 10~30대들은 빠르게 하는 반면, 40~60대의 경우는 디지털 환경의 변화에 조금은 덜 민감하게 반응한다고도 볼 수 있다. 하지만 요즘은 디지털 배움

---

7 자료 : 연령대별 SNS 이용행태에 따른 잠재프로파일 유형에 관한 연구
https://stat.kisdi.re.kr/nrams/upload/images/4c6f5a84d2274e08900b12b31c72face_03.png

터라고 하여 일반인들을 대상으로 디지털 교육을 국가에서 무상으로 해주고 있다. 따라서 이 기회를 놓치지 말고 스마트폰 활용법부터 새로운 SNS 채널(예를 들면, 유튜브, 블로그 등)을 배워서 자신의 지혜를 디지털 매체에 공유해볼 것을 추천한다. 2020년 중반부터 시작된 전국의 디지털 배움터 사업에 대해 아직도 모르고 있다면, 2022년에도 시행하고 있으니 디지털 역량을 높일 수 있는 이 좋은 기회를 놓치지 않길 바란다 fig.1-3 . 디지털 배움터 사업은 더 많은 일자리를 창출하는 동시에 디지털 정보의 격차로 소외당하는 사람들이 줄어들도록 국가에서 교육을 지원하는 사업이기 때문에 교육비 부담을 느끼지 말고 배우기를 바란다.

fig.1-3 디지털 배움터 사업 홍보관 (https://디지털배움터.kr/)

3. 쉬우면서 완성도 높은 동영상 제작법

fig.1-4 모바일 전용앱으로 전용 스토어에서 VLLO, 키네마스터 검색 (이미지는 안드로이드폰 사례)

지난 2020년, 2021년 디지털 배움터 강사 일을 경기도 지역에서 비대면 수업으로 주로 진행했다. 2020년 당시 주로 일반인들을 대상으로 유튜브 교육, VLLO나 키네마스터 앱을 이용한 동영상 콘텐츠 제작하기, 미리 캔버스를 이용한 이미지 카드 뉴스 제작하는 방법 등을 지도했고, 2021년도에는 초·중등 학생을 포함해 약 6개월간 월 60~70여 시간씩을 디지털 배움터 수업을 했다. 수강생들이 1~2회 듣고도 쉽게 따라할 수 있는 VLLO와 키네마스터를 동영상 제작용 앱으로 선정했다. 모바일 전용 앱이므로 fig.1-4처럼 전용 스토어에서 설치해야 한다.

VLLO

VLLO는 모바일 전용 영상 편집 앱으로 세로 형태로 편집한다. 유료와 무료 버전으로 구분되며, 무료 버전에서도 워터마크 없이 만들 수 있다. 최근에 구독제도 추가되었으며 한 번 결제 후 새 휴대폰으로 바꿔도 안드로이드와 애플의 아이폰 간의 변경만 아니면 계속 유료 버전을 이용할 수 있다. 편집 화면 하단의 큰 분류는 오디오, 스티커, 글자, PIP, 필터로 되어 있고, 오디오의 하위 메뉴에는 배경음악, 효과음, 음성 녹음 기능이, 스티커의 하위 메뉴로는 모션 스티커, 프레임, 그리고 템플릿이 들어있다. 글자의 하위 메뉴로는 글자, 라벨, 그리고 자막이 있고, PIP는 Picture in Picture의 앞 글자로 그림이나 영상 위에 또 다른 그림, 영상, GIF를 올릴 수 있는 기능을 말하며, 마지막으로 필터는 색상 필터, 보정, 그리고 모자이크 기능이 하위 메뉴로 구성되어 있다 fig.1-5 .

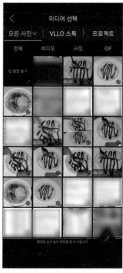

① VLLO앱 열기 : 새 프로젝트 또는 기존 프로젝트 수정

② 내 사진, 영상 자료를 이용해서 만들 때 <모든 사진>에서 선택

· VLLO스톡은 VLLO에서 제공하는 템플릿 자료들

· 프로젝트는 내가 만든 영상 자료들

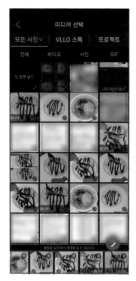

③ 내 앨범에서 선택한 이미지, 영상 순서대로 하단에 나타남. 선택 끝나면 빨간 체크 버튼 클릭

④ 제목, 화면비율, 영상배치 선택 후 프로젝트 생성 화면 비율 : SNS에서 최적화된 비율이 나옴(예 : 1:1은 인스타그램, 16:9는 유튜브) 영상배치는 화면 비율과 이미지 사이즈가 다를 경우 채움, 끼움, 가운데 배치 중 선택

⑤ 오디오: 배경음악, 효과음, 음성녹음 기능(배경음악은 상업적 음원 제공, 단, VLLO 앱에서 만든 영상에서만 사용 가능)

효과음은 생활음, 교통 수단, 동물, 만화, 박수, 벨, 사이렌, 악기 등 다양한 음원이 하위 분류됨.

⑥ 스티커: 모션 스티커는 움직이는 스티커, 프레임은 액자틀(다양한 액자틀을 제공함), 템플릿은 전체적인 화면 효과

⑦ 글자는 큰 디자인 글자, 이미지 스티커 안에 쓰는 형태의 라벨 글자, 그리고 자막 형식 디자인의 자막 글자 중 선택

⑧ PIP는 Picture in Picture 라는 뜻으로 배경이 있고, 그 위에 이미지, GIF, 비디오 타입의 다른 미디어를 불러오는 것
(예 : 로고 이미지를 PIP로 불러옴)

⑨ 필터는 화면의 톤 전체를 바꾸는 필터 탭, 밝기, 대조, 채도 등을 바꾸는 보정 탭, 그리고 가려야 할 것을 가리는 모자이크 탭으로 분류

⑩ 9번 상단 오른쪽 버튼이 영상이나 GIF로 추출하는 추출하기 버튼. 비디오는 해상도와 프레임 레이트 설정 고화질이 HD, 프레임 레이트는 30 기본 선택

⑪ 비디오 만드는 중일 때, 앱을 그대로 열어둔다. 완성되면, 내 휴대폰의 갤러리 - VLLO 앨범 안에 저장되어 있다.

fig.1-5 VLLO의 메인 5개 메뉴(오디오, 스티커, 글자, PIP, 필터)와 영상 제작 순서

키네마스터

키네마스터는 구독제로 운영되며, 모바일 동영상 전용 플랫폼이다. 무료 버전과 유료 버전을 월 단위 또는 연 단위로 결제할 수 있으며, 유료 사용자를 프리미엄 사용자라고 부른다. 프리미엄 사용자는 모든 키네마스터에서 제공하는 자산들을 광고 없이 모두 편하게 사용할 수 있다.

키네마스터의 편집은 VLLO와 다르게 세로 편집 모드가 아니라 가로 편집 모드로 화면을 넓게 이용할 수 있어서 VLLO에 비해 기능들을 큼직큼직하게 보면서 편집할 수 있는 장점이 있다. VLLO와 비교했을 때, 키네마스터는 무료 버전에서 워터마크를 지울 수 없고, 텍스트 꾸미기 기능이 다양하지 못해 아쉬운 면은 있지만, 화면전환부터 화면효과까지 전문가가 작업하는 느낌의 효과를 줄 수 있다는 측면에서 그 활용도는 VLLO에 비해 크기 때문에 자주 사용하는 편이다. 기본적인 UI설명은 fig.1-6 과 같다.

fig.1-6 키네마스터 편집창

왼쪽 위에는 편집창이 있고, 제일 하단에는 편집 재료들이 배치된다. 그리고 오른쪽은 편집 도구들이다. 크게 작업할 영상, 사진을 불러오는 미디어 버튼, 배경음, 효과음을 불러오는 오디오 버튼, 내 목소리를 녹음할 수 있는 녹음 버튼, 그리고 마지막으로 5개의 하위 메뉴(미디어, 효과, 스티커, 텍스트, 손글씨)를 가지고 있는 레이어 버튼으로 구성되어 있다. 키네마스터의 자세한 기능들은 아래 영상과 계속 업로드 되는 디지털쉐프 이혜정TV 채널의 키네마스터 재생목록 fig.1-7 을 통해서도 확인할 수 있다.

키네마스터 재생목록

fig.1-7 키네마스터 재생목록

4. 누구나 쉽게 썸네일, 카드뉴스 만들기

글씨팡팡(안드로이드폰 전용앱)

유튜브를 많이 하면서 유튜브 썸네일 작업에 제일 많이 활용하는 앱이 글씨팡팡이라는 앱이다 fig.1-8 . 이 역시 앱이기 때문에 스토어에서 다운로드 받으면 되고, 설치 후 사용방법은 도움말을 이용해도 좋고, QR코드의 영상들을 참고하면 쉽게 이용할 수 있다.

글씨팡팡 이용법(1)

글씨팡팡 이용법(2)

fig.1-8 글씨팡팡 앱으로 만든 유튜브 썸네일 예시 글씨팡팡 앱을 들어가면 첫 화면에 사용법 영상보기와 도움말을 확인하면 쉽게 이해할 수 있다. 글씨만 쓰고자 한다면 '메시지 만들기' 기능을, 내가 원하는 사진 위에 글씨를 쓰는 유튜브 썸네일과 같이 커버 페이지를 만들고 싶다면 '사진에 글쓰기' 기능을, 마지막으로 영상에 글씨를 쓰고 싶으면 '영상에 글쓰기' 기능을 이용하면 된다.

제일 많이 쓰는 기능은 사진에 글쓰기 기능으로 fig.1-9 , 이미지 사이즈는 자르기 버튼으로 블로그나 인스타그램 같은 경우 1:1로 많이 만들고, 유튜브는 16:9로 제작한다.

글씨 입력은 오른쪽 위에 펜 모양으로 글 내용은 바로 버튼 아래 칸에 입력한다. 수정하고자 하면 글자를 화면에서 클릭하면 글씨창의 왼쪽 하단에 작게 연필 모양이 나오고, 클릭한 뒤 상단 내용 입력창에서 내용을 수정하면 바로 반영된다. 원터치 기능은 제일 많이 사용하는 글씨 모양 템플릿으로 하단에 제시된 디자인대로 버튼 한 번 클릭만으로 변경되어 편리하다. 원터치로 스타일을 적용한 뒤에 글씨체나 색도 바꿀 수 있다. 마지막으로 편집이 완성되면 저장은 하단 제일 왼쪽에 저장 버튼을 누른다. 1440px는 해상도로 기본값이고 이보다 작게 하면 조금 사이즈가 작은 이미지가 완성되며, 대신 확대 시 픽셀이 깨질 수 있다. 빨간색 디스켓 모양을 누르면 폰의 갤러리에 cuText라는 앨범이 생성되고 그 안에 저장된다 fig.1-10 .

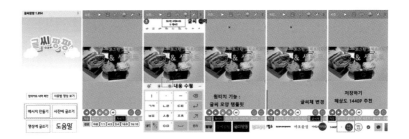

fig.1-9 사진에 글쓰기에서 제일 많이 쓰는 버튼 설명

fig.1-10 cuText 앨범 안에 저장된 글씨팡팡 콘텐츠

글그램(안드로이드폰 전용앱)

글그램 역시 앱이기 때문에 모바일에서 작업하면 되고, 사용하고 있

는 폰의 스토어에서 다운로드 받으면 된다. 안드로이드 폰의 경우 구글

플레이스토어에서 다운로드 받을 수 있다. 글그램은 주로 감각적인 글쓰기, 명언 등을 적을 때 사용하는 경우가 많다. 즉, 무료로 제공해주는 다양한 이미지 위에 글자를 넣어서 이미지로 저장하는 형태인데, 한두 줄의 제목보다는 다소 긴 내용의 글을 적기에 적당하다. 하지만 하나의 이미지에 글이 올라가기 때문에 너무 많은 글밥은 글씨 크기가 많이 작아지므로 가독성이 떨어져 좋지 않다 fig.1-11 . 사용해본 결과 글그램이 가장 쉽게 감동적인 메시지를 적는 도구로 활용된다.

글그램 사용법

fig.I-11 글그램으로 제작한 이미지 예시

미리캔버스

미리캔버스는 비즈 하우스를 운영하는 ㈜미리디에서 개발한 웹디자인 전문 플랫폼이다. 웹 기반으로 별도의 프로그램을 설치할 필요 없이 회원가입만 하면 누구나 무료로 서비스를 이용할 수 있고, 2021년부터는 회사에서 디자인 협업 도구로 쓸 수 있도록 유료 버전(미리캔버스 엔터프라이즈)도 내놓았다. 2022년 5월 초에는 프로 버전으로 유료화를 시작했다. 하지만 미리캔버스 초보자라면 무료 버전으로 쓰다가 익숙해지고 많이 사용하면 유료 버전으로 옮겨타는 것도 좋다. PPT, 로고, 배너, 카드뉴스, 유튜브 썸네일 등을 미리디에서 제공하는 다양한 템플릿이나 이미지를 활용해 전문가 수준의 디자인을 빠른 시간 안에 만들 수 있는 장점이 있다. 개인에게는 무료 버전과 프로 버전을 제공하고 있고, 상업적인 글꼴도 무료로 제공하기 때문에 미리캔버스에서 제작해서 다운로드 받아 사용한다면 크게 문제되지는 않는다. 단, 공모전 등과 같이 저작물의 저작권 귀속을 요구하는 단체에는 미리캔버스로 작업한 디자인물을 제출하지 않는 게 좋으며, 로고나 디자인 등의 지적재산권을 개인이 주장할 수는 없다. 이 결과물에 대한 지적재산권은 ㈜미리디에 있기 때문이다.

미리캔버스를 활용해 포토샵이나 일러스트레이터 등의 전문 디자인 툴을 몰라도 디자인 작업을 간단하게 할 수 있는 시대가 열렸다고 해도 과언이 아니다 fig.1-12 . 이런 작업들은 디자이너를 고용할 비용을 절감시켜 주기 때문에 개인뿐만 아니라 기업에도 좋은 작업 툴이라고 할 수 있다.

미리캔버스 재생목록

미리캔버스를 활용해 디자인 작업을 한 사례들

: 3장
유튜브와 블로그, 지금이라도 시작하자

1. 유튜브 시작하기

유튜브는 현재 구글Google 아이디로 로그인할 수 있는 구글 회사의 대표 플랫폼으로 알고 있지만, 그 시작은 독립된 플랫폼으로 시작하였다. 2005년 2월 페이팔 직원이었던 채드 헐리, 스티브 천, 자베드 카림이 공동으로 창립했으며, 2005년 4월 23일에 최초 영상Me at the zoo이 업로드되면서 본격적인 서비스를 시작했다. 그리고 그 이듬해인 2006년 10월, 16억 5천만 달러의 가격으로 구글에 인수되면서 구글과 한솥밥을 먹기 시작했다. 유튜브뿐만 아니라 인스타그램도 페이스북에 인수된 사례고, 마인크래프트라는 유명한 게임도 처음부터 마이크로소프트 회사의 것이 아니라, 스웨덴의 모장이라는 게임 회사에서 개발한 샌드박스 비디오 게임이었다. 이 게임은 2009년 5월 처음 대중에 공개되었고, 정식판은 2011년 11월 18일 출시되었다. 그리고 2014년, 마이크로소프트가 모장과 《마인크래프트》 지적 재산권을 미화 250억 달러에 구매했다. 이처럼 지금 우리가 알고 있는 회사들이 원 회사가 아닌 플랫폼들이 많이 있다.

유튜브는 코로나 팬데믹 이후 시청하는 사람도 늘었지만, 이제는 더 많은 사람들이 유튜버로서 활동하는 데 거부감이 많이 줄어들었다. 2018년도에 영상 편집을 배우고 유튜브를 시작하면서 영상 편집을 모바일로 간편하게 하는 방법을 스스로 연구하기 시작했다. 다양한 앱들의 사용이 많이 있지만, 그중 2개가 위에서 동영상 편집 툴로 소개한 'VLLO'와 '키네마스터'이다. 적어도 이 둘 중의 하나만이라도 다루는 능력을 갖춘다면 영상 만드는 기술은 하나 이상 가졌다고 말할 수 있다. 유튜브 운영을 위해서 어떤 것들을 신경 쓰면 좋은지 지금부터 시작해보자.

유튜브 계정 만들기

유튜브 계정은 구글 계정을 이용하면 된다. 여기서 주의할 사항은 계정의 종류가 개인 계정이 있고, 브랜드 계정이 있다는 점이다. 브랜드 계정은 다른 여러 사람들이 유튜브 로그인하는 주인 계정을 몰라도 편집자나 댓글 관리자로 등록해 활동할 수 있는 계정을 말한다. 개인 계정의 채널을 운영하다가 브랜드 계정의 채널로 자료를 이관할 수도 있으나, 처음부터 브랜드 계정으로 운영하는 것이 관리 측면에서 깔끔하다. 채널 운영을 관리해야 할 담당자가 계속 바뀐다든지 여러 명일 경우에는 브랜드 계정을 만들어서 시작하는 것을 추천한다.

브랜드계정으로 변경

브랜드계정 생성방법

유튜브 전화인증

유튜브 썸네일 변경을 위한 전화 인증하기

전화 인증은 실제 수신이 가능한 전화로 1년에 2개의 계정까지 인증이 가능하다. 그래서 2개 이상의 유튜브 채널을 인증하려면 1년을 기다리든지 아니면 다른 사람의 전화번호로 인증을 받아야 한다. 전화인증을 1회 거치면 그 채널은 유튜브에서 자동으로 추천해주는 썸네일(커버 이미지) 외에도 사용자가 직접 만든 고해상도의 맞춤 썸네일을 작업해서 올릴 수 있다. 유튜브 유사 콘텐츠끼리의 경쟁이 심한 만큼 첫 이미지가 영상의 조회수를 좌지우지하기도 한다. 꼭 유튜브 썸네일을 별도로 만드는 습관을 들이는 것을 추천한다.

유튜브 콘텐츠 아동용 설정 여부 확인하기

유튜브가 2019년도에 미국의 아동보호법 관련 위반으로 아동들의 정보를 수집하여 맞춤 광고를 내보내는 등 14세 미만 아동들의 정보를 수집하는 것에 대해서 아동보호 소비자 단체의 고발이 있었다. 1998년 제정된 미국의 아동 온라인 사생활 보호법COPPA은 14세 미만 이용자들의 정보를 추적하거나 이들을 표적으로 한 활동을 하지 못하도록 하고 있어서 소비자단체 등은 유튜브의 많은 채널이 14세 미만의 어린이들을 겨냥한 것이라고 지적했고 고발조치에 들어가, 2019년 9월 미국 연방거래위원회FTC는 유튜브에 과징금 1억 7,000만 달러(한화 약 2,000억 원)를 부과했었다. 그 뒤로 유튜브를 이용하는 크리에이터들에게 시청자층이 아동을 대상으로 한 영상인지 아닌지를 묻고 그 책임을 같이 지기로 했다.

항상 영상을 제작할 때는 아동용인지 아닌지를 판단해야 한다. 아동용 판단 기준으로는 유튜브에서 제시하는 확실한 기준이 모호한 편이긴 하나, 크게 세 가지일 경우에는 아동용 영상으로 올리는 것이 좋다. 첫째, 영상의 타겟을 아동으로 생각하고 만든 영상, 둘째, 아동이 이 채널의 주인공인 영상, 그리고 셋째, 아동용 언어나 아동이 좋아하는 캐릭터가 중심적으로 나오는 영상은 아동용으로 설정하고 나머지는 영상에 따라서 크리에이터가 판단해야 한다. '아동용이 아님'으로 설정해도 유튜브가 일부 댓글 사용을 중지하는 등 아동들이 많이 나오는 영상에 대해서는 댓글 사용 제한 기능을 활성화시키기도 한다. 아동용으로 설정할 경우, 유튜브 키즈용이라는 표시가 뜨고 댓글 기능이 제한되며, 광고도 시청자 연령대 및 선호도 맞춤 광고가 아닌 일반 광고가 게재될 수 있다는 주요 차이점이 있다.

유튜브 사용주의사항

유튜브 영상 저작권 침해 여부 확인하기

유튜브는 유튜브 스튜디오의 대시보드 기능을 통해 유튜브 콘텐츠 물의 상태를 확인할 수 있다. 영상에 대한 저작권 침해 여부는 유튜브 스튜디오 – 콘텐츠 – 채널 콘텐츠의 목록 필터에서 저작권 침해 신고 를 선택해 목록을 한눈에 확인할 수 있다 fig.1-13 .

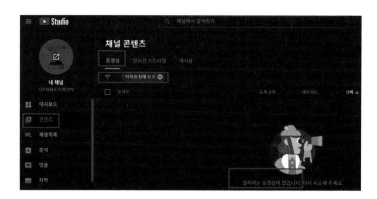

fig.1-13 유튜브 저작권 침해 신고 영상 목록 확인하는 방법

그 밖에 유튜브의 영상들은 커뮤니티 가이드 기준을 준수하는데, 이 가이드는 크게 스팸 및 현혹 행위, 민감한 콘텐츠, 폭력적이거나 위험 한 콘텐츠, 규제 상품, 잘못된 정보 여부의 항목으로 나뉜다. 이 커뮤니 티 가이드를 위반하거나 별도 당사자의 개인정보 침해 신고, 법원 명 령 등의 이유로 채널에 경고가 적용될 수 있는데, 이 경고는 저작권 침 해 신고 수준보다는 채널에 안 좋은 영향을 미칠 수 있다.

하지만 누구나 한번은 실수할 수 있다고 판단하여 최초 위반인 경우는 일반적으로 주의만 주고, 이후 위반 재발 시 3차 경고까지 부여하거나 바로 채널 폐쇄할 수 있다. 이 경고는 유튜브의 경우 gmail로 안내되기 때문에 평소 구글 이메일인 gmail을 안 쓰는 사용자라면, 유튜브를 진행할 경우에 gmail을 반드시 자주 확인하는 습관을 갖도록 당부한다 fig.1-14 .

fig.1-14 커뮤니티 가이드와 위반 경고 기본사항에 대한 유튜브 고객센터 안내

유튜브 영상으로 협찬 및 광고 촬영 영상을 업로드 시 주의사항

뒷광고라고 하여 유명 인플루언서들이 협찬을 받았는데도 협찬받지 않은 것처럼 표시하지 않고 영상을 올려서 문제가 된 경우가 많이 있

다. 이렇게 인플루언서들의 SNS를 통한 홍보가 연예인을 통한 TV 광고처럼 파급력을 가지면서 SNS에 협찬 및 광고에 대한 공정거래위원회의 개정안이 2020년에 발표된 바 있다. 유튜브에는 5분 이내의 영상에 대해서는 약 20초 이상 협찬 또는 광고, 유료 광고 포함 등의 문구가 나와야 하며, 다른 SNS의 경우에도 눈에 띄는 곳에 즉, 내용이 길어 '더보기' 버튼을 눌러야 하는 인스타그램이나 페이스북의 경우에는 '더보기' 버튼을 누르기 이전에 '광고', '협찬'이라는 문구가 잘 보이도록 첫 줄에 쓰는 것을 가이드하고 있다. 이렇게 공정거래위원회의 가이드를 무시하고 영상 및 콘텐츠를 게재하면 발생하는 문제에 대해서는 크리에이터들이 책임을 져야 하기 때문에 이런 사항들을 충분히 숙지하고 홍보 자료들을 올리라고 당부한다. 해당 내용은 다음 QR코드 영상을 참고하자. 그 밖에도 유튜브를 처음 시작하는 사용자라면 QR코드에 유튜브 시작하는 사람들을 위한 재생목록 링크를 수록해놓았으니 참고한다.

홍보 콘텐츠 주의사항

유튜브 초보탈출

2. 블로그 시작하기

블로그는 인터넷 통신망 world wide web의 마지막 알파벳 'b'와 '기록하다'라는 뜻의 영어단어 'log'가 합쳐져서 만든 단어_{blog}로 온라인 기록물이다. 한국은 네이버, 다음 등 많은 포털에서 회원가입만 하면 아이디 하나당 기본적으로 쓸 수 있는 블로그를 하나씩 제공하였고, 실명 인증을 통한 네이버 블로그는 총 3개까지 아이디를 만들 수 있으므로 3개까지 개인에게 제공하고 있다.

네이버의 블로그 사용자 통계를 살펴보면 2021년 MZ 세대가 블로그 활성화 견인차 역할을 했을 정도로, 1020 사용자가 44%에 달했고, 새롭게 생성된 블로그 콘텐츠 수는 총 3억 개로 전년 대비 약 50% 이상 증가했으며, 블로그 서비스 제공 이래 한 해 동안 기록한 가장 높은 수치라고 2021 네이버 블로그 리포트에서 밝혔다. 2021년 새롭게 생성된 블로그는 약 200만 개이며, 현재 전체 네이버 블로그 수는 총 3천만 개로 집계되었다. 이를 인원으로 단순 환산하면 2021년 현재 대한민국 인구수 5천 182만 명의 약 58%에 해당하는 규모다. 2021 블로그 리포트는 네이버 블로그와 관련된 다양한 기록들을 제공한다.

<출처 : ZDNet Korea 기사 https://zdnet.co.kr view/?no=20211209080350>

네이버 블로그 디자인 셀프로 전문가처럼 만들기

미리캔버스를 연습했다면 블로그 디자인부터 신경을 써보면 좋다. 요즘은 모바일로 블로그 유입이 더 많은 편이기 때문에 모바일 전용 네이버 블로그 앱을 설치해서 네이버 로그인 후 블로그를 이용해보자.

블로그는 모바일 버전과 PC용 버전의 상단 디자인 사이즈가 다르

다. 블로그도 개성 있게 꾸며 마치 홈페이지를 연상하게 하는 게 특
징이다 fig.1-15 .

fig.1-15 (왼쪽) 클릭할 수 있는 버튼이 있는 홈페이지형 블로그 디자인
(오른쪽) 미리캔버스로 제작한 모바일 블로그 디자인 예시

공짜점심과 네이버 블로그

fig.1-16 체험단 사이트 블로그 리뷰글 당첨 사례, 블로그 글과 공짜점심

공짜점심이라는 것이 요즘 있을까? '세상에 공짜란 없다' 이 말은 어떠한 일이든 그 대가를 지급할 일이 생긴다는 뜻이다. 하지만 디지털 세상에서는 공짜, 즉 협찬이 생길 수 있다. 작게는 식사 한 끼부터 신제품 리뷰를 위한 제품 지원까지 다양하게 존재한다. 꼭 몇 천만 원에서 몇 억의 광고료를 받고 광고하는 연예인들만이 아니라 디지털 세상에서는 개개인들도 자신의 SNS를 활용해 광고하는 영향력을 미치는 사람이 되는 것이다. '트렌드코리아 2022'에는 2022 트렌드 키워드로 '라이크커머스'라는 것을 언급했다.

시장의 오랜 패러다임이 변하고 있다. 소비자 개인이 독자적으로 상품의 기획·제작·판매를 총괄하는 새로운 가치를 만들어내고 있는 것이다. 이러한 소비자 주도 유통과정을 동료 소비자들의 '좋아요like'에서 출발한다는 의미에서 '라이크커머스'라고 명명한다.

<출처 : 「트렌드코리아 2022」, 김난도 외 9인, p.379>

퍼스널 브랜딩 시대에 네이버 등과 같은 플랫폼을 통한 정보 검색이 강화되고 있기 때문에 1인 기업, 소상공인 점포를 가지고 있는 매장 등 검색 결과값으로 나오는 블로그 리뷰나 MY 플레이스 사용자 리뷰 등을 관리하지 않으면 안 된다. 그래서 체험단이라고 하여 블로그 활동을 꾸준히 하면 인플루언서의 기회도 주어지지만, 특정 주제로의 체험단이나 서포터즈로서의 활동에 당첨되어 몇만 원에서 몇십만 원 상당의 물건이나 지원금을 받고서 활동 할 기회가 많이 주어진다 fig.1-16 .

공짜점심을 부르는 체험단 블로그 글쓰기 요령

요즘 블로그는 예전과 달리 얼마나 사용자가 성실하게 글을 작성했는가도 기술적으로 판단하기 때문에 체험단 글이나 홍보 글을 쓸 경우, 사진, 동영상 등의 개수나 블로그 글을 사진을 직접 찍고 작성했는가 등도 AI가 평가하고 블로그의 품질 지수를 결정하기도 한다. 좋은 블로그를 가지고 있으면 몇십만 원에서 몇백만 원을 지급할 테니 블로그 자체를 임대해 달라는 등의 문자 메시지나 댓글을 많이 받는다. 하지만 이런 순간의 유혹에 넘어가기보다 내가 꾸준히 운영하는 양질의 블로그를 소유하고 있는 것이 앞으로 디지털 세상에서 경쟁력을 갖추는 지름길이라는 점을 명심하자.

블로그 글에서 가장 중요한 부분은 제목이다. 예전에는 DSLR 카메라를 가진 블로거들이 체험단 활동에 당첨될 확률이 높았다. 하지만 요즘은 폰 카메라 사양 자체도 4K, 8K급의 영상과 사진 촬영이 가능해져서 DSLR에 국한된 체험단만 요구하는 업체는 많이 줄었다. DSLR 카메라가 있어야 체험단 지원한다는 생각은 버리자. 대신, 내가 좋아하는 주제의 체험단에 당첨될 확률이 높아서 특정 주제를 잡고 관련된 글들을 누적시켜 나가는 것이 좋다.

'디지털쉐프'라고 불리게 된 것도, 디지털 기술에 능하고, 요리하는 것을 좋아하는 나의 온라인 활동을 꾸준히 지켜본 지인이 붙여준 애칭이다. 사진도 찍고, 위에서 제시한 영상 편집 방법으로 영상도 편집하고, 네이버 표지 디자인도 '글씨팡팡'이나 '미리캔버스'를 이용해 눈에 띄게 디자인해서 블로그 제목에 주요 키워드와 사용자가 검색할만한 키워드를 역지사지로 생각해서 작성하면 어렵지 않게 글 하나가 작성된다.

네이버 조회 수, 방문자 수를 늘리기 위해 검색 로직을 떠올리게 된다. 네이버의 노출 관리 시스템이었던 C-RANK와 DIA로직Deep Intent Analysis을 보면, C-RANK는 출처의 신뢰도, 인기도에 영향을 더 많이 받는 로직으로 오랫동안 운영해온 블로그에 더 유리한 면이 있다. 반면 DIA는 블로그가 오래되지 않아도 전문성이나 자신이 직접 체험한 글, 그리고 쉽게 해석하고 분석한 글 등을 더 높이 상위 노출시켜주겠다는 로직이다. C-RANK와 DIA로직은 상호보완적인 작용을 하며 블로그의 검색 결과값을 보여준다. 하지만 매년 네이버는 거의 새로운 검색 로직을 내놓으려고 하는 듯이 이번에는 '네이버 에어서치[8]AiRSearch'를 2021년 10월에 공표하고 일부 검색화면에 적용 중이며 앞으로 더 확산할 예정이다. 네이버의 에어서치를 한마디로 말하면, 검색한 검색어와 연관된 내용을 다 보여준다는 것이다.

'스마트블록'이라 부르는 영역에 특정 검색어에 대한 추천 관련 정보들이 자동으로 분류되어 나타나고 있다. 예전에는 VIEW 탭이라고 하여 검색어가 포함된 블로그가 보였다면, 이제는 특정 검색 키워드에

---

8 에어서치는 에어스(AiRS), 에이아이템즈(AiTEMS), 에어스페이스(AiRSPACE)등 콘텐츠, 쇼핑, 로컬 단위의 다양한 AI 추천기술과 검색을 아우르는 네이버의 AI 검색 브랜드다.

대해 네이버가 자동으로 검색 엔진에 AI 기술을 적용해 분석하여 검색 결과를 제공한다. 과거 이미지, 동영상, 쇼핑, 지식iN 등 정형화된 컬렉션 중심의 '통합검색'에서, 스마트블록 중심의 '에어서치'로 진화했다. 네이버 서치Search의 CICCompany-In-Company(사내독립기업) 김OO 책임리더는 에어서치는 네이버의 새로운 검색을 대표하는 큰 변화의 시작이라 할 만큼, 정답을 찾는 사용자들에게 더 많은 정보를 더 빨리 제공하게 될 것은 물론 막연한 검색어를 입력해도 콘텐츠를 빠르게 찾을 수 있게 맞춤형 결과를 제공해준다고 했다. 과거에는 키워드가 들어있는 콘텐츠 중심(블로그, 카페, 지식iN 등)으로 분류되어 검색되었다면 지금은 검색 키워드에 따라 사용자의 성별, 연령에 따라 관심사가 높을 만한 순서대로 알아서 검색된 결과값(이를 스마트블록이라 부름)이 표로 나타나고 해당 관심사별로 인플루언서의 글 또는 검색률 높은 블로그들의 관련성 높은 글들이 우선으로 보여진다.

네이버 인플루언서는 네이버에서 특정 분야별로 전문성을 인정한 블로거이다. 점점, 특정 주제에 대해 깊이 있는 콘텐츠들을 발행하는 블로거들을 그 분야의 영향력 있는 인물로 키우겠다는 의도라고 생각된다.

예를 들어, '캠핑'을 검색하면 캠핑 준비물 리스트, 초보 캠핑, 캠핑 장비, 감성 캠핑, 차박용품 등 다양한 주제별 스마트블록을 볼 수 있고, 이를 통해 사용자는 자신이 더 탐색하고 싶은 주제에 대한 아이디어를 얻고, 빠르게 정보에 접근할 수 있다 fig.1-17 .

fig.1-17 2021년 10월경 시작된 네이버 에어서치 검색 기술 '캠핑' 검색 예시

그렇다면 우리는 어떤 블로그 글들을 작성해야 할까? 주제에 적합하고, 전문성 있게 작업하는 것은 기본이고, 연령대별, 성별 등 다양한 검색 조건들에 적합하게 검색되기 때문에 콘텐츠 작성을 할 때 기존의 방식들(주제 적합도, 동영상 콘텐츠, 내용의 충분한 길이, 키워드 적합성 등)에 더해 더 분석하여 특정 주제를 전문적으로 구성하는 것이 좋다.

한편의 글쓰기를 어디서부터 시작해야 할지 전혀 모를 때는 다음 QR 코드 영상을 추천한다.

블로그글 제목의
중요성

블로그 리뷰로
검색되려면!

블로그 체험단
글쓰기 노하우

: 4장
메타버스(metaverse) 세상에서 살아가기

1. 메타버스(가상세계)

메타버스의 정의

메타버스는 닐 스티븐슨Neal Stephenson이라는 미국 메릴랜드 출생의 SF 작가에 의해 소설 <스노우 크래쉬Snow Crash>에 나온 아바타가 들어가 또 다른 삶을 살아나가는 가상공간의 이름으로 최초로 언급되었고, 우리나라에는 2008년 이 작품의 번역본이 발간되었으나 품절되었다가 2021년 다시 번역본이 출간되었다.

2021년 11월 18일, 닐 스티븐슨은 SBS의 D포럼[9]에서 신간 <터미네이

---

9   2021년 11월 18일 [#D포럼] 닐 스티븐슨 - 새로운 현실세계에서 메타버스를 다시 생각하다 / SBS (URL : https://youtu.be/ogWSJcdxYDc)

션 쇼크Termination Shock>를 소개하기 위한 자리에서 메타버스와 아바타, 그리고 앞으로 미래 VRVirtual Reality(가상현실)과 3D(3차원)3dimention의 영향력에 대해 설명하는 인터뷰를 화상으로 가졌다. 멀티 페르소나의 개념을 가지려고 시각적인 신체가 필요해서 아바타Avatar라는 개념을 만들었다는 발언을 하였다. 이렇게 메타버스 공간에서는 아바타가 등장한다. 아바타는 실제 내 모습과 비슷할 수도 있고 창의적인 버전으로 내 모습과 아주 다른 모습의 형태를 띨 수도 있다.

메타버스의 메타meta는 '가상', '초월'이라는 뜻을 가진 영어의 접두사이고, 버스verse는 '세계', '세상'이라는 뜻을 가진 유니버스universe의 뒷부분 '-verse'를 딴 새로운 합성어로써, 아바타가 들어가 3차원의 가상공간에서 활동하는 가상세계라고 볼 수 있다.

비영리 기술 연구 단체인 ASFAcceleration Studies Foundation는 메타버스를 '가상적으로 향상된 물리적 현실과 물리적으로 영구적인 가상공간의 융합The Metaverse is the convergence of virtually enhanced physical reality and physically persistent virtual space.'이라고 정의했다.

메타버스의 네 가지 유형

비영리 기술 연구 단체 ASFAcceleration Studies Foundation는 메타버스를 4분 면으로 Y축은 '증강augmentation과 시뮬레이션simulation', '내적인 것intimate과 외적인 것external'이라는 두 축을 가지고 fig.1-18 과 같이 1) 증강현실Augmented Reality, 2) 일상기록Lifelogging, 3) 거울세계Mirror Worlds, 그

리고 4) 가상 세계Virtual Worlds 이렇게 네 가지 범주로 분류했다.

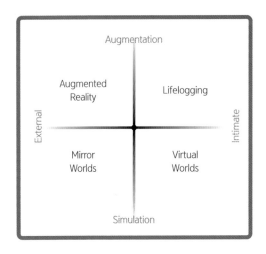

fig.1-18 ASF 분류 메타버스의 4가지 유형(2007) 출처 : Metaverse Roadmap

첫째로, 증강현실과 가상현실세계를 같이 살펴보자. 증강현실이라는 단어는 1994년 Paul Milgram과 Fumio Kishino이 쓴 <A TAXONOMY OF MIXED REALITY VISUAL DISPLAYS>에 의하면, 한 마디로 현실 환경에 가상의 컴퓨터 그래픽 물체들이 증강된 것을 말한다. fig.1-19 처럼 현실 세계가 100%인 것을 왼쪽 선상에, 그리고 가상세계가 100% 인 것을 오른쪽 선상에 표시했을 때, 즉 가상의 연속선 상에서 현실 세계에 가상의 물체가 추가되어 현실 세계와 더 많은 상호작용을 하는 것을 증강현실AR이라 하고, 가상세계와 더 많이 상호작용하는 쪽을 증강가상Augmented Virtuality이라고 한다.

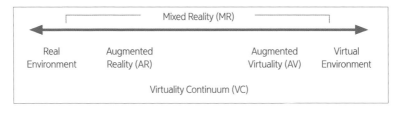

fig.1-19 가상의 연속선 상에서 AR, VR, MR을 표현한 그래프

출처 : IEICE Transactions on Information Systems

이 모든 것을 아우르는 개념을 MR$_{Mixed Reality}$라고 한다. 이런 가상세계가 대두된 데에는 코로나 때문에 비대면 기회가 많아지면서 사람들이 만남을 가상공간에서 하는 방법에 끌리게 되었기 때문으로, 실재감 기술이라고 하여 실제로 존재하는 것에 대한 기술적인 대안이 필요했기 때문이라고 생각한다. 코로나 이전에도 이미 10대들은 로블록스와 같은 게임 속 가상현실에 살고 있었으니 이 기술은 결코 코로나 이후에 생긴 기술이 아니라는 점이다.

로블록스는 미국 게임 플랫폼 회사로 사용자가 참여하여 게임을 프로그래밍하고, 다른 사용자들이 자유롭게 공유된 공간에서 다양한 게임을 하는 샌드박스 장르 형태[10]의 게임으로, 데이비드 바수츠키가 2004년에 설립하고 2006년 출시했다. 2020년 3분기 기준 매일 활성자 DAU, Daily Active Uswer수는 3,600만 명이 넘었고, 2016년 700만 명에 비해

---

10 게임의 장르 중 하나. sandbox라는 이름을 직역하자면 '모래 상자', '모래 놀이터' 정도가 된다. 어린아이들이 모래 놀이를 하는 것처럼 자유롭게 무언가를 만들 수 있는 장르를 말한다. -나무위키

성장이 5배가 넘는다. 더욱 놀라운 것은 일일 활성 사용자가 매일 로블록스에 머무는 시간이다. 매일 활동하는 이용자들이 하루 평균 156분을 로블록스에서 보내는 것으로 밝혀졌는데, 이는 세계에서 가장 인기 있는 동영상 플랫폼인 틱톡(58분)과 유튜브(54분)보다 훨씬 높은 기록이다. 대략 미국의 10대들은 유튜브를 사용하는 시간보다 2.6배 더 로블록스를 즐긴다고 한다 fig.1-20 .

이렇게 가상현실 세계가 게임에서 일반인들에게까지 영향을 미치고 있는 것은 비대면이 강화된 세상 속에서 사람들이 실재감을 가상현실을 통해서 느끼고자 하는 것에서도 기인한다고 생각한다.

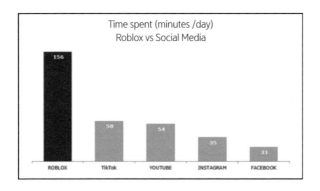

fig.1-20 로블록스와 소셜미디어 하루 활성 사용자 시간 비교(단위 : 분)

출처 : https://metaversenews.co.kr/roblox-metaverse-stock

둘째로, 라이프로깅lifelogging을 살펴보자. 로그는 앞에서 언급했듯이 기록하다는 뜻으로, 삶을 기록한다는 의미이다. 라이프로깅은 가상현실의 범주를 기존 SNS까지 확장했다고 이해하면 된다. 이미 우리는 다양한 SNS에 자신의 일상이나 취미, 정보 등을 기록하고 공유해오고 있다. 이 행동은 코로나 이후 더 가속화를 보였고, 페이스북, 인스타그램, 유튜브 등 다양한 SNS 채널 플랫폼으로 확장해나가고 있다. 그뿐만 아니라 사용자들이 남기는 디지털 기록들은 빅데이터로써 기업의 흥망성쇠를 결정하고 미래를 예측하는 데이터로 활용된다.

영수증 리뷰

  일례로, 과거에는 블로그 리뷰가 주로 활용되었다면, 네이버에서는 MY 플레이스 기능과 연동해 영수증 리뷰를 통해 고객들에게 사용자들이 직접 남기는 사용자 경험을 더 많이 노출한다. 그리고 이런 리뷰를 통해 고객들의 선호도, 고객들의 동선 등을 파악하여 고객들의 데이터에 기반을 둔 장소 추천, 먹거리 추천 등 보다 사용자 맞춤형의 서비스를 제공하여 소비를 진작시키고 회사의 잠재 고객 수를 예측하는 데 활용하기도 한다.

  미국 하버드 경영 구루guru로 알려진 램 차란은 디지털 플랫폼의 의미에 대해 다음과 같이 말했다.

  우리는 두뇌를 이용해서 과거의 데이터를 가지고 여러 요인이 발생할 확률을 예측했다. 시간이 지날수록 데이터가 증가함에 따라 우리의 예측은 점점 나아졌다. 그런 식으로 우리는 베이즈 정리Bayes' Theorem를 실천하고 있다. 베이즈 정리는 1763년 토머스 베이즈 목사가 창안한 수

학 법칙으로, 오늘날 대부분의 디지털 플랫폼에 사용되고 있다. 과거 데이터를 가지고 발생 확률을 계산하고 새로운 정보를 통합하면 앞으로 발생할 사건의 확률을 예측할 수 있다. (중략) 디지털 플랫폼은 기하급수적인 성장의 열쇠이기도 하다. 한 가지 예로, 수집된 데이터를 이용해 기존 플랫폼에서 새로운 소비자 경험을 제공할 수 있다.

<출처 : 「컴피티션 시프트」, 램 차란 외 1인, p.88-p.96>

마지막으로 거울 세계Mirror Worlds를 들 수 있다. 거울 세계는 실제 세계를 디지털 형식으로 표현한 것으로, 구글 어스Google Earth와 같이 지도 기능이 대표적인 예이다. 실질 세계를 가능한 사실적으로 반영하되, 정보적으로 확장된 가상세계라는 측면에서 완전한 가상세계와는 차별성이 있다.

배달 주문 서비스 어플인 '배달의 민족'도 거울 세계에 해당되는데, 현실에 존재하는 수많은 식당들을 앱이라는 가상세계에 집합시켰기 때문이다. 에이비앤비는 개인이 거주하는 가정집들을 거울 세계 메타버스로 옮긴 예이며, 업랜드는 구글 지도의 실제 부동산 정보를 바탕으로 미국 뉴욕, 샌프란시스코 등 주요 도시의 가상세계 속 부동산 정보를 사고팔 수 있다.

2. 제페토 시작하기

제페토는 증강현실AR 아바타 서비스로, 메타버스 플랫폼이다. 2018년 출시된 제페토는 얼굴인식과 증강현실AR, 3D 기술 등을 이용해 '3D 아바타'를 만들어 다른 이용자들과 소통하거나 다양한 가상현실 경험을 할 수 있는 서비스를 제공하며, 2020년 3월 네이버 Z기업으로 분사했다.

가상현실은 이미 게임 시장에서 로블록스나 마인크래프트 등 아이들에게 대중화되어 있었다. 로블록스는 2006년 출시되어 전 세계 월간 활성 사용자가 2020년 3분기 약 1억 7,500만 명에서 코로나 이후 더 급격하게 기하급수적으로 늘어나는 추세이며, 마인크래프트는 2009년 스웨덴의 모장 스튜디오가 개발한 샌드박스 비디오 게임으로 2011년 정식출판이 되었다. 한편, 2014년 마이크로소프트는 모장과 마인크래프트 지적 재산권을 미화 250억 달러에 구매했다. 마인크래프트의 2020년에도 월간 이용자는 약 1억 2,600만 명에 이르렀다.

제페토는 2020년 총 글로벌 누적 가입자가 약 2억이 조금 안되었다면, 2022년 3월 4일 총 3억 명의 글로벌 누적 가입자를 기록했다고 발표했다.[11] 월간 활성 이용자MAU는 약 2,000만 명으로 아직 로블록스와 마인크래프트에 비할 바는 못 되지만 최근 '바람의 나라 연' 개발사 슈

---

11 기사 https://bit.ly/3NcKiyr

퍼캣과 협업해 2D 도트 그래픽 메타버스 플랫폼 '젭ZEP'을 론칭한 데 이어 '펍지: 배틀그라운드' 개발사 크래프톤과 이용자 창작 콘텐츠 기반 NFT[12] 메타버스 플랫폼 구축을 위한 파트너십을 체결했다. 이렇게 지속적인 확장은 제페토가 우리나라를 대표할 수 있는 메타버스 플랫폼으로 자리 잡고 있다는 뜻으로 볼 수 있다.

fig.1-21 PC에서 제페토 스튜디오 로그인하기

fig.1-22 제페토 스튜디오 QR 로그인하기

---

12 NFT는 Non-Fungible-Token의 약어다. 대체 불가능한 토큰이라는 뜻이다.

제페토는 앱으로 설치 후 이용할 수 있다. 제페토 스튜디오는 PC에서 접속하여 로그인은 제페토 내 프로필에 있는 QR코드 인식기로 인식시키거나 전화번호/이메일 또는 다른 SNS로 연동해 로그인할 수 있다 fig.1-21 fig.1-22 .

3. 제페토 크리에이터 되기

제페토 크리에이터가 되는 2가지 방법이 있다. 하나는 아이템 콘텐츠 크리에이터, 또 다른 하나는 빌드잇이나 월드맵 공간을 제작하는 것이다. 이때 맵을 만들기 위해서는 제페토 스튜디오에서 빌드잇이라는 제페토 맵을 사용하는 방법과 타입스크립트[13]를 사용해 프로그래밍하는 월드맵이 있다. 월드맵은 코딩이나 모델링을 배워서 진행해야 하며, 자세한 가이드는 제페토에서도 제공하고 있다.[14] 제페토 아이템을 제작하는 방법은 3장에서 살펴보고 여기서는 제페토 빌드잇의 사용법을 살펴보자.

---

13   웹 클라이언트와 서버 프로그램 개발에 모두 사용되는 오픈 소스 프로그래밍 언어.
     마이크로소프트(Microsoft)에서 개발한 자바스크립트(JavaScript)의 상위 언어다.

14   월드맵 가이드 주소 : https://studio.zepeto.me/guides/creating-your-own-world

제페토 스튜디오(https://studio.zepeto.me/kr) 접속 fig.1-23

PC에서 크롬 브라우저를 열어 접속하는 것을 제일 권장하고 있다.

fig.1-23 인터넷 주소창에 제페토 스튜디오 검색

운영체제별 빌드잇 프로그램 내려받기

운영체제가 윈도우, 맥Mac이냐에 따라 설치 파일의 종류가 다르다. 그리고 설치하기 위한 권장사양이 나와 있다. 만약에 이 권장사양 이하일 경우에는 시스템이 로딩될 때 버벅거린다든지 다른 여러 가지 프로그램을 동시에 플레이할 수 없을 수도 있다. 권장사양은 fig.1-24 처럼 직접 들어가서 확인해보기 바란다.

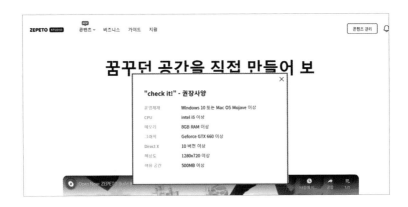

fig.1-24 운영체제별 권장사양

제페토 빌드잇 설치

빌드잇을 OS별로 설치 파일을 잘 받았으면 다운로드 폴더에 제페토 빌드잇 설치 파일(ZEPETO+build+it)이 받아져 있다. 이 파일을 실행시킨 다 fig.1-25 .

fig.1-25 다운로드 폴더 안의 빌드잇 설치 파일 실행

빌드잇 로그인

바탕화면에 빌드잇 바로 가기 아이콘을 클릭하면 빌드잇 프로그램이 실행되며 로그인 페이지가 나온다. 로그인 아이디는 제페토 앱을 가입할 때 입력한 이메일 또는 프로필에 있는 QR코드 스캔하기로 로그인할 수 있다 fig.1-26 . PC 사양이 권장사양보다 낮을 경우 접속 로딩 시간이 길어질 수 있고, 안에서 아바타의 움직임이 버벅거릴 수 있다.

fig.1-26 바탕화면 바로 가기 아이콘으로 접속

맵 제작하기

로그인하면 왼쪽에 새로 만들기 버튼과 내가 만든 월드 버튼이 있다. 새로 만들기에서는 Plain(기본), Town(마을), House(집), Cafe(카페), School(학교), City(도시), Wedding(결혼식)과 같은 맵 템플릿 fig.1-27 을 활용해 기존 것을 삭제 또는 변형, 추가하여 맵을 완성할 수 있다. 주의할 점은 맵을 제작할 때 성의 없이 만들면, 즉 비치된 아이템의 수가 적으면 심사 승인이 안 되거나 또는 사전에 고객센터에 문의하지 않고 브랜드 로고, 연관 이미지 등 해당 기업을 나타내는 홍보성 있는 공간을 만들어 심사를 제출하면 상표권 침해 및 상업 활동 등의 사유로 월드 심사가 반려될 수 있다.[15]

fig.1-27 빌드잇 첫 화면

Plain을 클릭하면 기본적으로 땅이 나타나고 왼쪽 위에 메뉴가 있고 저장 및 단축키 설정 등은 이 메뉴를 통해 할 수 있다. 그리고 선택, 이동, 회전, 크기, 정렬 버튼은 물체들(오브젝트라 부른다)을 맵 위에 올려놓고 선택할 때, 이동시킬 때, 그리고 회전시킬 때, 크기를 조정할 때 사용하는 버튼이다. 정렬 버튼이 켜져 있으면 오브젝트들이 일정 간

---

15 가이드 https://support.zepeto.me/hc/ko/articles/4406368232729

격으로 배치되고, 정렬 버튼이 꺼져 있으면 자유롭게 배치할 수 있다
fig.1-28 .

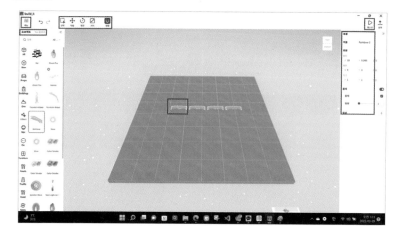

fig.1-28 기본 (Plain) 화면구성

　오브젝트를 배치하고 오브젝트를 클릭하면 오른쪽에 속성이 나타난
다. 속성에서 물리라는 버튼이 있고, 이 버튼을 켠 상태에서 질량과 중
력을 조정해 오브젝트가 둥둥 떠 있게 만들거나 아바타가 몸으로 건드
릴 경우, 가벼운 질량은 밀릴 수 있게 조정할 수도 있다. 예를 들어, 축
구공을 오브젝트에서 검색해서 땅 위에 놓고 물리 속성을 다음과 같이
세 가지로 테스트를 해보자 fig.1-29 .

질량을 33일 때, 100일
때 비교해보자.

축구공을 검색해 배치하고, 물리 속성을 3가지로 테스트한 사례

아바타가 테스트하기 위해서는 오른쪽 위에 테스트 버튼을 눌러보면
된다. 아바타가 등장하는 곳을 spawn이라고 하는데 이 spawn을 축구
공 옆에 설치해놓고 테스트 버튼을 누르면 바로 축구공이 있는 곳 근
처에서 아바타가 등장해 테스트하기 쉽다 fig.1-30 .

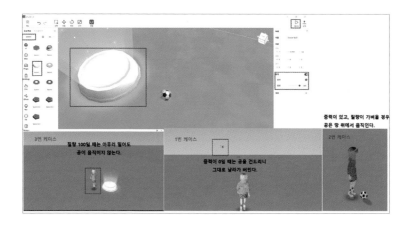

fig.1-30 fig.1-29의 물리 속성 테스트한 결과

081

빌드잇을 처음 다루는 경우, 화면을 회전시키고 이동시키는 키워드, 마우스에 대한 충분한 연습이 이루어져야 완성도 높은 맵을 제작할 수 있다.

빌드잇 마우스, 키보드 작동 방법

① 마우스 휠 굴리기 : 확대 또는 축소
② 키보드 : A (왼쪽으로 가기), D(오른쪽으로 가기), S(아래쪽으로 가기), W(위쪽으로 가기)
　마우스 왼쪽 키만 클릭 : 드래그 및 선택
③ 마우스 오른쪽 키 : 화면 회전
④ 스페이스 키 + 마우스 왼쪽 키 동시 클릭 : 보이는 화면 이동 (또는 마우스 휠 클릭)
⑤ 오브젝트 클릭 후, F 버튼 : 확대

제페토 빌드잇 작동 매뉴얼

맵 공개하기

맵 제작을 완료했으면 오른쪽 위의 공개 버튼을 누른다. '월드 공개하기' 창이 뜨고 월드 이름, 소개, 썸네일, 스크린샷, 키워드 등을 안내대로 넣고 리뷰 신청하기 `fig.1-31` 를 하면 승인을 위한 심사에 약 2주 정도 소요된다.

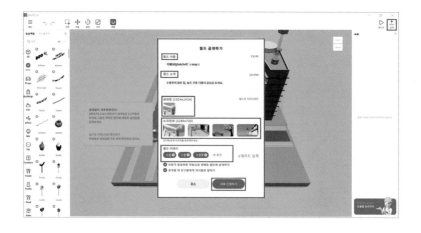

맵 공개하기

맵이 발매되면 맵 안에서 16명까지 아바타가 이동하며 탐험도 하고 대화도 하며 어울릴 수 있다. 단순히 이것을 게임으로만 볼 것인가에 대해서는 전 세계의 글로벌 친구들을 이 안에서 채팅과 대화를 하며 만날 수 있다는 계기가 된다는 데 있어서 코로나19 때문에 사람들을 만나기 힘든 MZ 세대들에게는 사람들을 만나는 새로운 문화가 될 수도 있겠다는 생각이 들었다.

하지만 주의해야 할 점들은 모르는 사람들과 지나친 수준의 대화를 통해 내 신상에 문제가 생기지 않도록 해야 한다는 점이다. 예를 들어, 지난 TV 뉴스에 한 캐나다에 거주하는 한국인 남성이 제페토 맵에서 만난 어린 소녀에게 선물을 주고 환심을 사면서 관심을 끌다가 나중에는 연인인 것처럼 부당한 요구와 부탁을 하다가 아이 아버지가 이를 알고 경찰에 신고한 사례도 있었다. 아이들에게도 이런 가상공간에서 피해를 입지 않도록 부모들도 어느 정도 아이들이 어느 가상공간에서 주로 노는지, 그리고 자주 아이들과도 이야기 나누며 문제 사항에 휘말리지 않도록 각별히 신경 써야 한다. 또한 아이들이 스마트 세상에 노출이 되는 나이가 빨라진 만큼 방송통신위원회, 한국정보통신진흥협회에서 준비한 청소년을 위한 통신 서비스 활용 및 피해 예방 교육 이수도 추천한다.

통신서비스 활용과 피해 예방
무료 교육 안내

4. 게더타운(gathertown)과 젭(ZEP)

아바타가 가상공간에서 움직이며 현실세계의 사람들을 연결해주는 '메타버스' 플랫폼들이 많이 출시되고 있다. 'ZOOM', 'Google MEET' 같이 화상 영상 통화처럼 접속해 대화하는 형태에서 조금 더 진화해 나를 대신하는 아바타가 결합되어 다양한 종류의 맵map을 돌아다니며 그 안에서 화상으로 대화도 하며 수업할 수 있는 대표 플랫폼이 게더타운이다. 그리고 젭은 게더타운과 유사한 포맷의 플랫폼으로 한국판 게더타운이라고 이해하면 쉽다.

게더타운

게더타운(https://www.gather.town)에 접속하면 과거에는 영어 버전만
나와서 브라우저 자체의 번역기를 이용했어야 됐는데, 이제는 한국 사
이트(https://ko.gather.town/)로 바로 연결된다. 이런 변화들은 시간이 지
날수록 계속 업그레이드 될 수 밖에 없다. 처음에 미국에서 스타트업
으로 2020년 5월에 시작한 게더타운 프로젝트는 소개되기를 'Gather
는 가상 상호작용을 보다 인간화하도록 설계된 화상 채팅 플랫폼입니
다.'라고 홈페이지에 나와 있다 fig.1-32 .

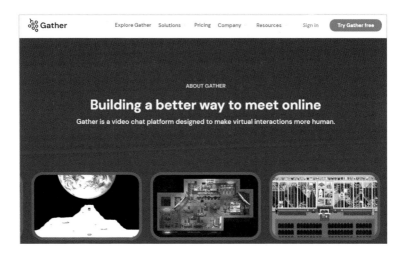

fig.1-32 게더타운 홈페이지 소개(https://www.gather.town/about)

게더타운이 요즘 메타버스 공간으로서 아바타가 공간을 탐험하며 줌
ZOOM처럼 대화도 하고 수업도 할 수 있다는 장점이 주목받으면서 많

은 기관에서 메타버스 강의의 단골 수업 주제로 등장하고 있다. 자세한 사용법은 유튜브의 영상을 참고하자(하단 QR코드). 그리고 여기서 한 가지, 크롬 브라우저로 접속하는 것을 추천하며 현재는 게더타운 앱으로 출시되지는 않았다. 하지만, 모바일에서도 크롬 브라우저로 실행이 원활하게 되고 있으므로, 회원 가입시 google 연동으로 가입할 것을 추천한다. 왜냐하면 다른 이메일로 가입 시 매번 해당 이메일을 열어 인증번호를 입력을 해야 하는 불편함이 있기 때문이다.

게더타운을 어떤 경우에 활용하면 좋을지 활동하면서 느낀 점 중 우선 줌과 가장 큰 차이점을 살펴 보면, 줌은 매번 링크를 생성해서 발표 자료 등을 공유해야 하지만, 게더타운은 가상공간 안에 미리 발표 자료, 유튜브 자료 링크 등을 넣어둔 나만의 공간을 만들어 링크를 생성하면 매번 줌zoom처럼 열었다 닫았다를 반복할 필요 없이 간편하게 디지털 공간상에 나만의 공간이 생성된다. 줌은 개설한 사람이 나가면 자동으로 전체 초대된 사람들도 나가게 되지만, 게더타운 공간은 주인 없이도 호스트(개설한 사람, 예를 들어 선생님)가 링크를 보내놓으면 게스트들이 미리 들어와서 수업 자료를 예습할 수도 있고, 끝난 다음 호스트가 나가도 게스트들은 남아서 더 공부할 수 있는 공간으로 활용할 수 있다. 즉, 무료 가상공간이 생기는 셈이다. 따라서 온라인으로 거리에 상관없이 수업을 진행하고자 하는 사람들이라면,

게더타운 가상공간 만들기

게더타운 강의자료

자신만의 가상공간을 미리 꾸며놓고 장기적으로 활용할 것을 추천한
다 fig.1-33 .

fig.1-33 게더타운 가상공간에 사무실을 만든 디지털쉐프의 공간

젭(ZEP)

젭(https://zep.us)은 한국판 게더타운이라고 생각하면 쉽다. 슈퍼캣과
네이버Z가 합작법인 ZEP을 설립하고 메타버스 플랫폼 ZEP을 서비스
하기 시작했다. 젭이 게더타운과 다른 점은 게더타운은 25명까지 한
공간에 들어갈 경우 무료로 이용 가능한 반면, 젭은 현재 한 방에 500
명까지도 무료로 이용 가능하며, 500명이 넘을 경우 여러 채널로 나뉘
게 되는데, 최대 5만 명까지도 동시 접속이 가능한 구조다. 훨씬 맵의
디자인도 다양하고, 다양한 맵과 오브젝트들(꾸미기 재료)을 에셋 스토
어에서 무료로 구입할 수 있어서 게더타운보다 국내에서 활용도가 더
높을 것으로 기대된다.

가상공간 안에서 게더타운과 작동 버튼 중 크게 다른 것은 상호작용
하는 버튼이다. 게더타운은 키보드에서 X버튼을 이용하는 반면, 젭은
F버튼을 누르면 된다. 그 외 화살표나 W-A-S-D 버튼으로 아바타 이

동은 동일하며, 게더타운에서는 Z버튼을 누르면 아바타가 그 자리에서 춤을 추는 반면, 젭은 주먹을 발사해서 옆에 아바타를 부를 수도 있고 장난도 칠 수 있다. 젭과 게더타운은 모두 게임을 제공하는데, 젭 쪽이 한국인들이 쉽게 이해하고 즐길 수 있는 형태의 미니게임을 제공하는 편이다. 아바타, 배경 등은 게더타운처럼 비슷하게 꾸밀 수 있다 fig.1-34 .

fig.1-34 게더타운 공간과 같은 배경을 이용해 젭 상에 꾸민 디지털쉐프의 가상공간

5. 가상세계와 NFT의 미래

가상세계가 점점 중요해지는 이유는 가상공간에서 아바타를 통해 현실의 경제, 사회 등 다양한 영역과 생산적인 활동을 공유하고 영위하기 때문이다. WEB 2.0이라고 표현할 수 있는 SNS로 쌍방향 소통

하는 시대에는 유튜브, 블로그, 인스타그램, 제페토 등이 소통의 수단으로써 이용되었다면, 그 이후로는 WEB 3.0이라고 불리는 시대가 도래할 것이다.

WEB 2.0과 3.0의 큰 차이라고 하면, WEB 3.0은 시맨틱웹[16](의미론적 웹, 지능형 웹)이라고 해서 보다 지능적인 검색을 하는 웹이라는 뜻도 있고, 정보가 중앙 서버가 아닌 블록체인 기반의, 탈중앙화 분산형 스토리지에 저장하며 데이터 주도권이 개인들에게 더 커지는 환경이라고 볼 수 있다. 또한, 제페토, 로블록스도 WEB2.0기반, 즉 그 안에서만 아이템 거래가 이루어지는 반면, WEB 3.0기반은 이더리움과 같은 암호 화폐를 통해 거래될 수 있는 공간을 말한다. 예를 들어 '디센트럴랜드'라는 가상 부동산 거래 등이 WEB 3.0 거래의 대표적인 이야기다.

NFT Non-Fungible Token란 무슨 뜻일까? NFT는 디지털 콘텐츠의 원본임을 증명하는 기술로서 대체 불가능한 일종의 디지털 등기부 등본 또는 정품 인증서라고 볼 수 있다. NFT는 특정 자산에 대해 암호화된 소유권과 거래 내역을 블록체인에 저장하고 기록하는 토큰이다. 토큰을 여기서는 디지털 파일로 볼 수 있다.

2017년 크립토키티[17]가 이더리움 기반의 NFT 컬렉터블로 등장했고, 크

---

16 시맨틱웹(semantic web) : 컴퓨터가 정보자원의 뜻을 이해하고, 논리적 추론까지 할 수 있는 차세대 지능형 웹 (출처 : 두산백과)

17 https://www.cryptokitties.co 크립토키티는 이더리움 기반의 컬렉터블 게임으로 사용자들은 가상의 고양이 캐릭터를 수집하고 교배하며 암호 화폐를 사용해 매매 가능하다.

립토펑크 NFT 프로젝트는 2017년, 뉴욕의 소프트웨어 회사인 라바랩스의 창시자 존 왓킨슨과 매트 홀이 런던의 펑크 록punk rock 문화를 바탕으로 이에 영감을 받은 머리 모양과 장신구들을 고안해 1만 개의 펑크가 일정한 알고리즘에 의해 만들어졌다. 이 1만 개 중에는 초록색 피부의 좀비 펑크 88개, 원숭이 펑크 24개, 하늘색 피부의 외계인 펑크가 9개 있다. 펑크들 간의 '희소성' 차이는 거래 가격의 차이로 직결된다 fig.1-35 .

fig.1-35 US 달러 판매 상위 12개 크립토 펑크

출처 : https://www.larvalabs.com/cryptopunks/topsales?sortByUSD=true

2018년 가상화폐 시장의 암흑기와 함께 잠시 주춤하다가 2020년 NBA(미국프로농구)의 간판급 선수 르브론 제임스의 덩크슛 영상이 NBA 공인 카드 트레이딩 공간 톱샷TopShot에서 약 23만 불에 거래되면

서 이슈가 되기 시작했다 fig.1-36 .

fig.1-36 약 23만불에 의해 거래된 2020년 NBA 르브론 제임스의 덩크슛 영상

출처 : https://nbatopshot.com/moment/easyaces+c1c29a9a-327f-47fe-a570-f4bd806b1ae3

이후 2021년 2월경에는 비플Beeple의 NFT 콜라주 작품 <Everydays :The First 5000 Days>가 약 6,930만 달러(약 7백억 대)에 낙찰되었다 fig.1-37 .

fig.1-37 비플의 Everydays :The First 5000 Days

동남아에서는 Axie infinity라는 이더리움(가상화폐 중 하나) 기반 게임이 유행하면서 사람들이 시급보다 게임을 통해 번 돈이 더 많아서 전업으로 게임을 하는 사람들이 늘었다 할 정도로 돈을 벌기 위해 게임을 하는 P2E play-to-earn 시장도 커지고 있다. NonFungible 홈페이지 (nonfungible.com)에서는 상위 랭킹 top 10 프로젝트를 보여준다. 지속적으로 순위는 변동되지만 Meebits, BAYC, CryptoPunks 등이 10위 내에 늘 있는 편이다.

국내에서도 NFT 시장에 후발이지만 그 중요성을 알고 독보적인 프로그래밍 실력으로 무장한 멋쟁이 사자처럼[18]의 이두희 대표가 콩즈프로젝트(메타콩즈)를 시작했다 fig.1-38 .

fig.1-38 콩즈프로젝트

출처 : https://themetakongz.com/kr.html#sec_nft

18 멋쟁이사자처럼 회사 : https://www.likelion.net/

메타콩즈는 클레이(클레이튼)[19]기반의 NFT 프로젝트다. 클레이튼은 카카오의 블록체인 관련 자회사 그라운드X가 개발한 국내 코인으로 세계 1위 거래소 등 다양한 거래소에서 거래가 지원되고 있다.

그라운드X가 개발한 코인으로 비트코인처럼 하나의 코인이 아닌 이더리움 같이 분산 어플리케이션decentralized application 즉, 디앱Dapp을 만들기 위해 확장 가능한 블록체인 개발 플랫폼이다.

NFT는 우리 미래의 종착역이 아닌, NFT를 통해 구체화하고 있는 좀 더 광범위한 '토큰 이코노미token economy'에 대한 꿈을 꾼다고 표현하고 있다.

<출처 : 「NFT레볼루션」, 성소라 외 2인, p.14>

NFT는 2017년 이후로 주목을 받으며, 누가 먼저 NFT 시장에 참여하고 더 관심을 갖고 연구하느냐로 전문가 집단의 양상이 달라질 것 같다. 지금도 늦지 않았다고 생각한다. 코로나 이후 유튜브에 대한 이용률이 커졌던 것은 유튜브가 결코 새로운 플랫폼이 아니라 시대적인 흐름에 부응했기 때문이었을 것이다. 유튜브는 2005년에 나온 플랫폼이지만 2020년대 들어 그 사용률이 폭발적으로 증가했다. 그에 비하면

---

19 클레이튼은 카카오에서 만든 암호 화폐이며 클레이튼 스코프에서는 클레이랑 클레이 기반 토큰들의 이동 경로, 총 분배 수량 등등의 정보를 볼 수 있는 서비스를 제공한다. (출처 : 나무위키)

메타버스와 NFT는 더 새로운 기회라고 볼 수 있다. 결코, 취향의 문제가 아닌 현실 세계로 깊숙이 들어온 새로운 디지털 지구 메타버스와 NFT가 가져올 미래에 관심을 두고 연구하며 직접 체험해 나가기를 추천한다.

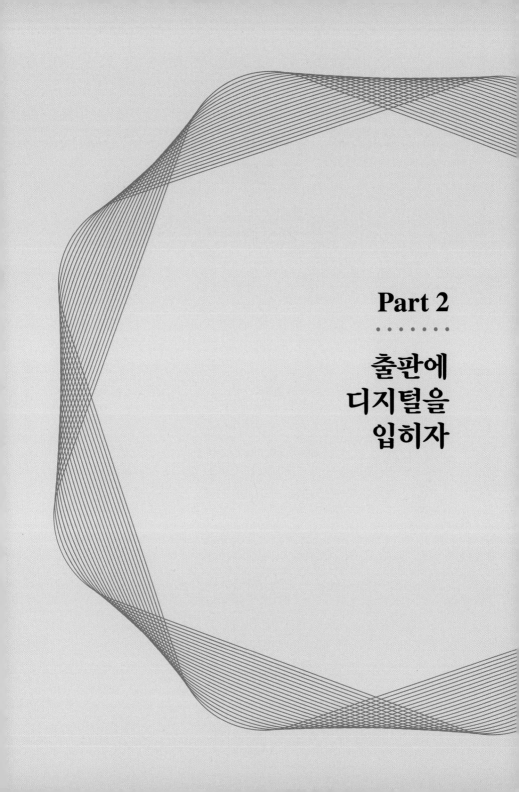

Part 2

출판에
디지털을
입히자

"맛있는 전자책 여행을 떠나자"

1인 기업이 날로 늘고 있다. 평생직장은 사라지고, 자신의 브랜드를 스스로 만들어 가는 시대가 왔다. 누군가가 나를 라벨링 하기 전에 스스로 나를 네이밍 해야 한다. 그 가운데 책 쓰기는 자신의 브랜드를 알리는 최고의 마케팅이다.

한 권의 책 쓰기를 통해 자신의 삶을 돌아볼 수 있으며, 자신의 콘텐츠를 일목요연하게 정리할 수 있다. 책 쓰기는 자기 성장의 최고의 도구가 된다. 글쓰기는 하루아침에 이루어지지 않지만 꾸준한 글쓰기는 곧바로 책 쓰기로 연결될 수 있다. 책 쓰기의 도전은 또한 글쓰기의 연속이다. 구슬이 서말이라도 꿰어야 보배가 되듯, 우리 내면의 보석을 어떻게 발견하며 찾아야 하는지 코치해 주는 책이 될 것이다.

책의 주제 잡기와 목차, 원고 집필 방법, 특별히 출판비 제로라는 매력적인 전자책 발간 과정을 이번 파트에 상세히 담았다. 대표적인 플랫폼 크몽[20]과 유페이퍼[21]에 출간 프로세스와 실제적 사항들도 친절히 담았다.

청소년 시절 막연히 내 마음속 버킷리스트 1번은 책 쓰기! 그냥 내 이름으로 된 책 한 권 갖고 싶었다. 혹 이 글을 읽는 분 중에도 나와 같이 꿈 목록 1호가 책 쓰기인 분들은 안 계신지? 그렇다면 이 책은 여러분의 꿈을 응원하고 이루는 데 도움이 될 것이다.

책 쓰기라는 쉽지 않은 여정을 여행처럼 즐기며 할 수 없을까?

맛있는 음식을 먹듯, 맛있는 글은 사람의 영혼을 맑게 하고 건강하게 살찌운다. 머리 아픈 책 쓰기는 가라!

집 나오면 고생, 여행은 고달프다. 그러나 즐겁다. 인생은 여행이라고도 한다. 내 삶의 발자취를 남기는 여행, 내 생각과 경험을 책으로 남기는 여행은 세상에서 가장 가슴 뛰는 일 중 하나이다. 이 책을 읽는 분들이 맛있게, 즐겁게 여행하듯 읽고, 책 쓰기의 진실을 알아가는 소중한 여행이 되었으면 좋겠다.

자, 이제 떠나보자! 출판에 디지털을 입히는 맛있는 전자책 여행 출발!

---

20 크몽 : 대한민국 1위 프리랜서/아웃소싱 플랫폼. '전문성'이라는 무형의 서비스를 제품화하는 비즈니스 모델로서 디자인, IT, 콘텐츠 제작, 마케팅 등 300개 이상의 카테고리를 보유하고 있다.(출처:나무위키)

21 유페이퍼 : 대한민국의 전자책 오픈마켓 솔루션 서비스 회사이다.(출처:나무위키)

가장 훌륭한 시는 아직 쓰이지 않았다.

가장 아름다운 노래는 아직 불리지 않았다.

최고의 날들은 아직 살지 않은 날들이며,

가장 넓은 바다는 아직 항해되지 않았고,

가장 먼 여행은 아직 끝나지 않았다.

불멸의 춤은 아직 추어지지 않았으며

가장 빛나는 별은 아직 발견되지 않은 별이다.

당신의 가장 훌륭한 글은

아직 쓰이지 않았다.

:1장
어쩌다 N잡러

1. 암환자의 첫 책 쓰기 도전 '암치유 맘치유'

중학교 2학년 때인가? 수학여행 가는 관광버스 안에서 마이크 잡고 사회를 보았다. 가는 내내 친구들이 배꼽 잡고 웃었던 기억이 난다. 웃음이 많고, 밝은 에너지 덕분인지 주변에 친구들이 많았다. 일명 '분위기메이커'이기도 했다. 그런 나를 보고 선생님은 "혜경이는 참 다재다능해." 하시며 칭찬해 주시곤 했다.

다재다능하다는 말이 분명 칭찬임에도 불구하고, 간혹 그 말이 뭔가 한 곳에 집중하지 못하고 '제대로 하는 것은 없다'는 느낌으로 와 닿기도 했다. 늘 여러 곳에 호기심이 많아 이것저것 시도해 보고, 경험하고 배우는 것을 좋아했다.

결혼하고 개척교회 사모가 되었다. '어쩌다 사모' 그리고 두 아이의 엄마가 되었다. 큰 아이 돌 무렵에 개척을 시작해 초보 엄마에, 초보 사모에 돌아보면 내 인생 가장 힘든 시기였다. 남편이 목사님이라니, 내 인생에 그런 일이 생길 줄이야. 천방지축 같은 내가 조신한 사모가 되다니….

일단 주어진 인생길이니 열심히 살아내야 했다. 잘 맞지 않은 옷이라도 하나님이 허락하신 옷이니 열심히 입고 또 사방팔방 뛰었다. 비가 오나 눈이 오나 동네방네 전도를 나갔다. 큰 아이는 유모차에 태우고 작은 아이는 등에 업고, 유모차 양옆 손잡이에는 폴로 사탕을 단, 우리 교회 주보를 잔뜩 매달고 다녔다. 아파트 계단을 맨 꼭대기에서 1층까지 계단을 오르내리며 열심히 집집 마다 교회 주보를 꽂기도 했다. 큰 아이 네, 다섯 살쯤인가? 어린 아들을 데리고 전도 나갔다가 아들이 아파트 계단에서 굴러떨어지기도 했다. '어쩌다 엄마' 자리도, '어쩌다 사모' 자리도 쉬운 건 하나도 없었다. 큰 아이에 대한 미안한 마음이 늘 있다.

목회자 아내의 자리가 부담스럽기도 했지만, 주변의 사람들은 내 성격이 사모하기 딱 좋은 성격이라고도 했다. 지금 생각하면 그 말도 해석하기 묘하지만, 칭찬의 의미로 받아들였다. 힘들었지만 감사하고 보람된 순간도 많았다. 심지어 '난 사모가 잘 어울리는 기질이야.' 혼자 대견해 하기도 했다.

나름 잘 해 내고 있다고, 애쓰고 있다고 생각했는데, 개척 15년 차 더

럭 유방암에 걸렸다. 화들짝 놀랐다. 마치 '너도 별수 없구나!' 누군가가 놀리는 것만 같았다. 쿨하게 산다고 생각했는데 전혀 쿨하지 않은 눈칫밥 인생으로 살았나? 온갖 생각이 한순간 스쳤다.

 하나님의 계획은 오묘하다. 그 삐그덕 거리는 철 침대에서 다시 꿈을 꾸게 하셨다. 하나님이 내게 다시 삶의 기회를 주신다면 무얼 하고 싶을까? 그때 가장 간절한 꿈은 책 쓰기였다. 오래전 문단에 등단하고, 이미 여러 권의 동인 수필집이나 동인 시집은 냈지만, 단독으로 낸 내 책은 없었다. 방사선 치료를 시작하며 곧바로 책 쓰기를 시작했고, 결국 유방암 치료를 마치고 일상으로 돌아올 무렵, 한 권의 책이 내게 와 안겼다.

 <암치유 맘치유>(2015) 책을 출간했다. 내 인생 첫 책이 암투병기라니…. 인생은 참 알 수 없다. 그때는 불행이라고, 왜 하필 내가 암 환자라니! 억울하다고 남몰래 울며 하소연도 했었다. 힘든 항암 시기를 지나오며 '왜 하필 저인가요?' 하나님께 물었을 때 조용히 내 마음속에 들려온 음성이 있었다. '혜경이 너니까 주는 병이다. 잘 이겨낼 줄 믿는다. 그러니 나를 더 크게 의지해라.' 그 순간 내 삶을 통째로 정지시키고, 안개처럼 내 미래를 암울하게 만들었던 암이 그저 내 삶에 불행을 위해 던져진 것이 아님을 알았다.

 내가 암에 걸린 건 자랑할 일도 아니지만, '암, 너도 내게 딱 걸렸어'라는 관점으로 암을 바라보기로 했다. 도리어 암 투병 생활이 쉴 수 없었

던 나에게 쉬라고 주는 하나님의 선물처럼 다가왔다. 원치 않았던 내 인생 첫 책이 암 투병기가 되리라고는 상상도 못했지만, 막연했던 문학소녀의 꿈을 이루게 해 준 암이 때론 고맙기까지 했다. 투병 중에 쓴 책, 내 인생의 첫 책이라 그런지 모든 작가들이 그렇듯 산고의 고통을 이겨내고 태어난 자식처럼 소중했다.

청소년 시절부터 막연히 꿈꾸며 부러워했던 저자 사인회도 했다. 책상 한쪽에는 수북이 내 책이 쌓여있고, 저자 사인을 받으려고 길게 줄지어 늘어선 모습을 상상했었다. 그런데 바로 그런 일이 내 눈앞에 벌어졌다. 남편의 배려로 내 생의 첫 북 콘서트가 열렸다. 남편이 북 콘서트를 출간 감사 예배로 드리는 것이 좋겠다고 제안했다. 출간 감사 예배 현수막도 걸고, 지인들은 축하 메시지와 함께 예쁜 화분도 선물로 보내주었다. 이웃 교회 목사님, 사모님들이 오셔서 귀한 말씀과 축복 기도와 특송도 해 주셨다. 친구들도 멀리서도 찾아와 함께 축하해 주었다. 작은 개척교회 사모에게 베푸신 은혜가 너무 커서 내내 벅찬 감사와 감동으로 울먹였다.

그날 큰 아이는 축하편지를, 작은 아이는 축하 노래를 불러주었다. 지금 우리 아이들에게 이야기하면 내가 언제 그랬냐고…, 엄마가 건강하게 회복하고, 책을 쓰는 작가가 되었다는 기쁨에 철모르고 선뜻 축하 공연을 맡아주었는지도 모르겠다. 지금은 상상도 못할 일이다. 그때 동영상을 촬영해 놨어야 했는데, 아쉽다.

첫 책 출간의 기쁨도 잠시 초보 작가의 어설픈 실수로 내 책은 서점에서 두어 달 자리 잡다가 곧 하차했다. 병실에서 함께 찍은 환우들과의 사진을 책에 삽입한 것이 화근이 되었다. 난 그저 암 환자라고 암울하게 지내는 것이 아니라 병실에서 화목하게, 재미있게 투병 생활하는 모습을 표현하고 싶었다. 그러나 나의 순진한 생각은 어리석었다는 것을⋯, 그 일로 언니, 동생으로 친하게 지냈던 환우들과는 등을 돌려야했다. '초상권 침해'로 신고하겠다며, '암 환자의 아픔을 통해 돈 벌려고한다.'는 소문이 나돌고 환우들 단톡방에서 나는 왕따가 되었다. 온갖험담과 비난을 고스란히 들어야 했다. 암 치료를 받았던 병원 예술치유센터에서 진행하기로 했던 북 콘서트도 취소되었다. 그때 처음으로알았다. 왜 악플로 연예인들이 목숨을 끊고 싶어 했는지, 사이버 폭력,학교 폭력으로 한 사람의 삶이 얼마나 무참히 짓밟힐 수 있는지⋯.

내 책을 읽고 감동 받고, 희망과 용기를 주어서 고맙다고 말한 환우들도 단체의 힘 앞에는 무력했다. 금세 모두가 등을 돌렸다. 항암보다 더 무섭고 두려웠다. 주변에서는 내가 스트레스로 암이 재발될까 염려했다.
초보 작가의 어이없는 실수지만 내 잘못이었다. 한 권의 책을 내는 것에는 얼마나 많은 책임이 따르는지 철저하게 느꼈다. 이 지면을 빌어더 깊이 생각하지 못하고 책을 낸 것에 죄송하다는 말씀, 내 진심은 그게 아니었지만, 그 일로 상처받으신 분들께 다시 한번 사과드린다.
그때는 참 힘들고 괴로웠는데, 그 경험이 지금은 오히려 책 쓰기 코칭할 때 좋은 재료로 쓰인다. 언제나 인생은 오르막길이 아니라 내리막

길 경험이 사람을 성장시킨다. 암 투병의 시간이 그러했고, 첫 책의 처참한 실수와 실패가 돌아보니 나의 성장통이 되었다. 좋은 기억은 추억이 되고, 나쁜 기억은 경험이 된다는 말이 있듯 첫 책은 큰 기쁨과 감동, 동시에 큰 아픔과 경험으로 나를 성장시켰다.

2. 암 환자의 재도전 '암, 내게로 와 별이 되다'

첫 책의 아픔이 아물 무렵 두 번째 기회가 왔다. 시간이 약이라더니, 다시는 책을 안 쓰고 싶다고 했는데…, 그래도 언젠가 기회가 되면 첫 책의 실수를 만회하고 다시 책을 내고 싶다는 생각을 했다. 어느덧 매년 조바심내던 암 정기검진이 5년 차를 지나올 때였다. 주치의 선생님이 유방복원수술을 권하셨다. 그저 재발되지 않고 건강하기만을 기도했었다. 암 5년 차를 지나오면서 선생님 말씀에 금세 또 솔깃, '그래 100세 시대라는데, 남은 반백 년의 생을 위해 도전!'

다음 해 1월 강의 비수기에 수술을 잡았다. 유방복원수술을 끝냈다. 아, 항암의 아픔을 겨우 잊을 무렵, 복원수술은 또 얼마나 아프던지…, 그래도 더 힘든 항암도 했는데 이 정도는 참아야지 하며 무사히 수술 마친 것에 감사했다. 2020년 1월에 수술을 했고, 휴식기를 가질 무렵 뉴스에서는 연일 코로나 이야기가 심심찮게 들렸다. 코로나가 뭔지도 모르고, 난 일단 수술을 했고, 충분히 쉬어야 한다고 생각했다. 그러기를 하루 이틀, 어느새 길어지는 코로나와 이제는 몸도 회복되고 나가서 강의를 할 때인데 모든 강의가 일순간 사라졌다. 두려움이 몰려왔다. 별 뾰족한 대책 없이 그냥 TV 앞에 앉아 밀린 드라마를 정주행하고 있었다. 그런 나를 보고 아들이 불쑥 한마디 했다.

"엄마, 실망이야. 그럴 시간 있으면 엄마가 좋아하는 일을 해. 글을 써. 글을!" 옴마, 그 아들의 목소리가 꼭 하나님 음성처럼 들렸다. 결국 코로나19라는 난생처음 겪는 무시한 괴물은 잠시 잊고 있었던 책 쓰기로 나를 몰아넣었다.

'인생 괴로울 때 인상 쓰지 말고 글을 써라' 김민식 PD님의 말처럼, 글은 어릴 적부터 나에게는 친구와 같은 존재였다. 약속시간에 누가 늦으면 더 반가웠다. 새하얀 노트에 술술 잘 써지는 펜 하나만 있어도 행복했다. 청소년 시절, 청년 시절, 매일 끄적이며 글을 썼다. 그냥 그 시간이 좋았다.

5년 만에 다시 쓰는 책! 첫 책의 아픔을 딛고 금세 써 내려갔다. 어떤 제목을 지을까 고민하다 '암, 내게로 와 별이 되다'로 최종결정을 지었다. 암이라는 상처Scar가 돌아보니 내 인생을 별Star로 만들어 주었다. <암치유 맘치유> 첫 책의 암 투병기 내용 일부를 담고, 첫 책 이후 5년간 변화된 삶의 이야기를 담았다. 첫 책에 비해 두 번째 책의 초고 쓰는 시간은 짧아졌다. 거의 두 달 만에 초고를 썼다. 수정과 퇴고 과정이 오히려 더 길어졌다. 첫 책은 그저 오롯이 나 혼자 썼다면 두 번째 책은 출판사 편집자님의 도움을 받았다.

저자와 독자를 연결 지어주는 역할을 하는 편집자님의 말씀이 큰 도움이 되었다. 내 책을 누구에게 도움 주기 위해 썼는지, 예상 독자층을 분명히 잡고 쓰는 것이 큰 도움이 되었다. 쓰다 보면 내가 암 환자를 위해 쓰는 것인지, 사모들을 위해 쓰는 것인지, 자녀 교육서를 쓰고 싶은 것인지, 강사들을 위한 책인지, 짬뽕이 되어 방향성이 이리저리 흐트러졌다.

다양한 내 경험을 담은 책이지만 어떤 주제를 담고 싶은 것인지 목표를 분명히 해야 한다. 암 환자를 위한 책이란 주제를 잡고, 강의도, 자녀교육도, 모든 이야기의 중심에는 암 환자로서의 경험과 생각에 초점을 두고 썼다. 초고의 많은 분량이 날아갔다.

너무 많은 주제로, 한꺼번에 많은 것을 담아내려는 유혹을 떨쳐내야 했다. <암, 내게로 와 별이 되다> 책이 출간될 무렵 친한 강사님이 내가 쓴 책 경험을 가지고 책 쓰기 강의를 해 달라고 했다.

'베스트셀러 작가도 아닌데 책 쓰기 강의라니…' 너무 잘 하려고 하지 말고 오히려 초보가 왕초보를 가르치면 더 잘 가르칠 수 있다며 말씀하셨다. 그저 선생님이 쓰신 책 쓰기 경험을 나누어 주면 된다고 용기를 주셨다. 강의 경력은 미스 시절부터 기업 강의를 하다 사모가 되었기에 그다지 낯선 일은 아니었다. 게다가 암 투병 후 '어쩌다 강사'로 접어들어 열심히 강의를 했다.

청년 때는 주로 성격진단 MBTI나 TA(교류분석)을 기반으로 한 공감적

이해와 커뮤니케이션, 셀프 리더십, CS 강의를 했었다. 그때는 삼성전자를 비롯 LG전자, 병원, 건설업 등 대기업과 중소기업 등 주로 기업대상으로 강의를 했다. 암 투병을 하면서 버킷리스트에는 책 쓰기에 이어, 전국구 강사 되기, 세계적 강사 되기를 적었다.

　암 투병 중 방사선 치료를 하면서 인문학 공부를 시작했다. 그곳에서 요리로 사람들의 마음을 치유하는 푸드테라피, 자살예방 생명존중 강의 등 새로운 강의 분야의 선생님들을 만나고 강사과정을 이수했다. 이후 4대 폭력예방교육, 아동학대예방교육, 감정코칭과 공감대화법, 군부대 독서코칭과 군 인성교육 등 다양한 분야로 강의를 하며 '재미, 의미, 감동'의 교육철학을 담은 1인 기업 펀펀힐링센터를 설립했다. '어쩌다 강사'에서 '어쩌다 대표님'으로 사람들이 불러주었다. 전업주부이자 평범했던 도농지역의 작은 개척교회 사모를 강사로, 대표로 세상한가운데로 하나님은 불러내셨다. 어릴 적 마이크 잡는 것이 즐거웠던 천방지축 나를 지식과 경험을 전달하고 나누는 강사로, 생명을 살리고 회복하는 일에 나를 부르셨다. 새로운 일은 두근거리고 긴장되지만, 즐겁고 흥미로웠다.

　하지만 코로나로 강의는 대부분 사라졌다. 어딜 불러주는 곳이 없었다. '그래, 불러주는 곳이 없으면 내가 불러 모아야지.' 생각을 바꾸었다. 스스로 강의의 기회를 만들어 SNS에 내 강의를 광고했다. '맛있는 책 쓰기 여행'이란 이름으로 책 쓰기 코칭을 시작했다. 이왕이면 자신의 인생을 여행하듯 책을 쓰면 좋겠다는 생각이었다. 8주간의 책 쓰기 코칭을 통해 저마다 자신의 인생 스토리와 콘텐츠를 담아 책을 쓰도록 도왔다.

처음 1기를 진행할 때 긴장감이 아직도 생생히 떠오른다. 누가 한다고 전화 오면 어떡하나 할 정도로 두려웠다. 내가 책 쓰기 강의하는지도 모르고 한 분이 전화를 주셨다. <암, 내게로 와 별이 되다> 책 낸 소식을 듣고 책 쓰기 노하우를 물어왔다.

"옴마, 제가 그런 노하우를 전해 드리려고 책 쓰기 여행 8주 과정을 준비했어요. 1기 특전으로 오세요."

그렇게 단 한 사람의 수강생으로 시작되었다. 때마침 함께 공동 사무실을 쓰시던 대표님들도 응원차 내 강의를 수강해 주셨다. 세 사람으로 첫 1기가 탄생했다. 열심히 책 쓰기 관련 책들을 잔뜩 쌓아놓고 공부했다. 관련 유튜브 강좌도 듣고 새로운 강의안을 준비하는 과정이 쉽지 않았지만 즐거웠다. 코로나로 강의는 없어졌지만 새로운 강의가 시작되는 시기였다.

코로나가 없었다면 여전히 주어진 강의에 부르는 대로 열심히 달려가는 강사가 되었을 것이다. 코로나는 내게 새로운 기회를 주었다. 스스로 내 콘텐츠를 만들고, 지식 근로자로 성장하는 계기가 되었다. 누가 나를 강사로 초청하지 않아도 내가 스스로 콘텐츠를 생산하고 SNS 마케팅으로 사람들을 모았다. 디지털의 힘이었다.

홍보를 하고 전단지를 뿌려야 하는 시대였다면 돈도 없고 경험도 부족한 내가 감히 도전도 못했을 것이다. 디지털 시대는 오히려 열정과 배움만 있다면 누구나 도전할 수 있고, 새로운 기회를 제공하는 시장이었다.

부족한 나를 믿고 찾아주는 선생님들께 최선을 다해 책을 쓰도록 동기부여하고 내가 경험한 책 쓰기 노하우를 전해드렸다. 가르침은 최고의 배움이 되었다. 무언가 완성이 되어야 가르치는 것은 아니다. 두 걸음 앞섰으면 한 걸음 갈 수 있도록 이끌고 도와 드리면 된다. 디지털 시대는 끊임없이 변하고 그 변화의 속도는 매우 빠르다. 그때그때 배워서 나누고 또 배우고…, 선순환이 이루어지는 시기다. 빠르게 배워서 적용하고 보완할 점들을 보완하면서 스스로 완성도 있는 콘텐츠를 만드는 시기다.

처음부터 완벽하게 자리 잡고 시작하겠다고 하면 시작도 못 한다. 우리가 살아가는 시대는 끊임없이 배우고 그 배움을 즐기고, 실패의 과정도 성장의 과정으로 받아들이는 자세가 중요하다. 베스트셀러 작가만이, 이름난 명강사만이 강사가 아니다. 자신이 하는 일에 진정성을 가지고, 열정을 불러일으키고, 초보가 왕초보를, 그렇게 경력이 쌓이면 자신만의 노하우가 생기고 자신만의 길이 생긴다. 처음부터 완성된 길은 없다. 많은 사람이 지나가면 그것은 길이 되고 나만의 콘텐츠가 생성된다.

내 이야기가 무슨 책이 되겠나? 내 콘텐츠가 무슨 도움이 되겠나? 스스로 주눅이 들어 책 쓰기를 주저하는 분들이 많다. 누구나 자신만의 길이 있다. 자신만의 스토리가 있다. 6개월 아르바이트를 해도 그 일에 노하우가 있다. 전혀 가보지 않은 사람에게는 흥미 있는 영역이고 전해 줄 노하우가 생긴다.

 단 한 명의 독자를 위해 책을 써 보라. 나의 첫 책은 암 투병하다, 혹 내가 세상을 떠나면 우리 아이들에게 엄마의 인생을 어떻게 살았는지 말해주고 싶어서 썼다. 중고등학교 시절, 막연히 내 책 하나 내고 싶다는 버킷리스트를 마음에 품고 살았다. 그 꿈은 일상에 매몰되어 잊고 살았다. 암 투병으로 언제 죽일지도 모른다는 절박함과 열정이 책을 쓰도록 만들었다.

 두 번째 책, <암, 내게로 와 별이 되다> 출간 후 나의 책 쓰기 노하우를 주변 사람들과 나누기 시작했다. 평소 즐겨했던 글쓰기, 책 쓰기가 나의 또다른 콘텐츠로 자리잡았다. 부르면 달려가는 강사에서 불러 모으는 강사이자 작가로 삶을 살게 했다.

 대면 강의로 시작한 '맛있는 책 쓰기 여행' 과정은 코로나가 심해지면서 비대면 줌 강의로 바뀌었다. 처음 줌 강의는 또 어찌나 떨리던지…, 기계치인데 여러 사람들의 도움을 받아가며 겨우 첫 줌 강의를 마쳤다. 편히 참여했던 줌 교육에서 내가 직접 개설하고 호스트가 되어 강의를 했던 줌 강의도 차츰 익숙해졌다.

 때마침 군 인성교육도 대면에서 비대면으로, 구글 미트로 전면적으로 전환되었다. 푸른나무 재단에서 온라인 강의로 강의할 수 있도록 도와주셨다. 포항 해병대에서 우리팀이 첫 온오프 강의를 시도했다. 대면 강의를 하면서 동시에 일부 시간은 일부러 비대면으로 진행하기도 했다. 우리 팀 강사님들과 밤새 숙소에서 머리 맞대어 시연하며 새롭게 변화하는 환경에 적응하기 위해 아이디어를 모았다. 그렇게 구글 미트로 부대와 연결해서 강의하는 훈련도 했다.

나 혼자였으면 달라진 변화의 시대, 디지털 시대로 살아가는 방법을 터득하기가 힘들었을 것이다. 주로 하던 군부대 교육이 비대면으로 바뀌면서 점차 익숙해지고, 나중에는 대면보다 비대면이 훨씬 편하고 좋았다. 새벽에 부대 위병소까지 차를 몰고 가지 않아도 되고, 무거운 교구를 들고 가지 않아도 되었다. 통신의 문제만 없다면 거의 대면과도 다름없이 서로 소통되고 충분히 교감됨을 느꼈다.

'맛있는 책 쓰기 여행' 강의도 대면에서 점차 모두 비대면으로 바뀌었다. 그러자 새로운 일이 벌어졌다. 멀리 서산에서, 진해에서, 제주도에서, 심지어 해외 캐나다에서도 내 강의를 신청해 주셨다. 디지털 시대, 비대면 교육이 가져온 변화였다. '어쩌다 세계적인 강사' 디지털은 나를 국제적인 강사로 만들어 주었다. 캐나다에서 내 책 쓰기 강의를 수강하신 것은 바로 디지털의 힘이었다.

1기에서 어느덧 6기까지 진행되고 한두 분씩 나처럼 버킷리스트인 책 쓰기를 이루셨다. 그중 김태균 코치님은 기획출간으로 <정답과 오답 사이> 수학 과외를 학습 코칭을 겸비한 이야기를 담은 에세이가 베스트셀러로 오르기도 했다. 내가 책을 내는 것도 기쁜 일이지만, 나처럼 버킷리스트 1번이 책 쓰기인 누군가의 꿈을 응원하고 책이 나오도록 돕는 일도 참 기쁘고 행복했다.

3. 출판비 제로, 전자책의 세계

'맛있는 책 쓰기 여행' 과정을 진행하다 고민이 생겼다. 글을 쓰고 책을 내도록 돕는 과정에서 출판 부분에서 고민했다. 유명작가들은 출판사에서 기획출간으로 서로 모셔가지만, 처음 책을 쓰는 사람들은 그렇지 못하다. 어느 정도 인지도가 있거나 자신만의 콘텐츠가 있는 분은 기획출간을 도전한다. 아니면 자비출판을 하게 되는데 자비출판 비용이 적잖은 금액이다. 그밖에 부크크[22]를 통해 독립출판으로 종이책을 출간하는 방법도 있다. 한 권씩 만들어내다 보니 책을 만드는 시간이나 비용 역시 적잖게 들어간다.

출판 비용이 없는 책 쓰기는 없을까? 그래서 알게 된 것이 전자책이었다. 종이책과 전자책은 많은 차이가 있다. 종이책은 우선 만질 수 있다. 종이책이 주는 그 촉감과 나무와 잉크가 묘하게 섞인 냄새는 무척 매력적이다. 그러나 전자책이 갖는 새로운 장점도 많다.

일단 출판비 제로, 이 점이 제일 마음에 든다. 재고가 없다. 분량도 종

---

22 부크크 : 출판 플랫폼 부크크(http://www.bookk.co.kr)는 ㈜부크크에서 운영 중인 국내 첫 단일 POD(print-on-demand) 자가 출판 플랫폼이다. (출처:나무위키)

이책에 비해 자유롭다. 결재 즉시 전송, 빠르게 받아 볼 수 있다. 노하우 책은 핵심만 담겨져 있다. 코로나 이후 강사들이 대면으로 설 자리가 없어지자 또 다른 강의 시장이 형성되었다. 다양한 오픈 채팅방에서 무료 강좌에서부터 저렴한 가격으로 온라인 강의가 무수히 쏟아졌다.

어떤 강의는 시간만 잡아먹기도 했지만, 어떤 강의는 편하게 집에서 수강하고 유익했다. 코로나 시기에 새로운 기회와 도전으로 만난 강의가 전자책 강의였다. 그동안 8주간의 '맛있는 책 쓰기 여행'의 강의안을 전자책으로 담기로 했다. 책 쓰기 코칭을 담은 <책 쓰기의 진실>(2021)로 첫 전자책을 발간했다. 이어서 6년간의 군부대에서 강의한 노하우를 담은 <바로 써먹는 군부대 강의 노하우>(2021)로 두 번째 전자책을 썼다.

전자책 판매의 수익금도 종이책에 비해 훨씬 좋다. 보통 책 한 권당 10% 내외 인세를 받지만, 전자책은 플랫폼의 수수료를 제외하고 70~80% 수익률을 준다. 얼마나 많은 전자책을 팔았느냐도 중요하지만, 그 책으로 인해 부가적인 시너지 효과도 있다. <책 쓰기의 진실> 전자책을 낸 이후 실제 책 쓰기 코칭 강사로 콜을 받기도 했다. 내가 알지 못했던 새로운 기회들이 찾아왔다.

또 어떤 고객은 자신의 책을 대필해서 써 줄 수 있느냐고 문의를 하기도 했다. 전자책 한 권으로 파생되는 새로운 기회들은 늘어났다. 시간만 되고 여유만 있다면 대필작가라는 새로운 세계도 경험하고 싶다.

<바로 써먹는 군부대 강의 노하우> 책은 그동안 군 장병 인성교육과 군 독서코칭 및 그린 캠프에서 군부대 강의를 하며 생긴 노하우를 알

려주는 책이다. 어느새 일년 중 가장 많이 만나는 교육대상은 군인이다. 군부대 강의를 시작하는 강사들을 위해 책을 썼다. 군 관련 강사들에게 도움이 되고 싶어 낸 책이었지만, 이 책을 보고 실제로 군부대에서 내게 강의를 직접적으로 의뢰하기도 했다. 작가님이 해 줄 수 있는 강의를 해 주시면 좋겠다고 제안하셨다. '창의 인성 독서법'과 '감정 코칭과 글쓰기 치유'를 제안했다. 부대에서는 '감정 코칭과 글쓰기 치유'로 강의해 주면 더 좋겠다고 하셨다.

같은 부대에서 서로 다른 장소에 있는 병사들과 간부님들 대상으로 듀얼로 온라인으로 강의를 진행했다. 비록 온라인 강의였지만 모두가 진지하게 강의를 들었고, 강의 후 각각 서로 다른 장소에 있는 병사들에게 소감을 물었다. 부대 교회에서는 곧 전역을 앞둔 병장에게, 다른 장소는 이제 막 들어온 이병에게, 같은 부대지만 서로 다른 장소에서 강의를 듣는 것 역시 코로나 이후 갖게 되는 새로운 변화이기도 했다.

단지 전자책을 팔아서 내는 수익도 있지만, 전자책이란 플랫폼을 통해 자신의 브랜드를 창출하고, 그로 인해 파생되는 여러 다양한 기회들이 많음을 경험했다. 실제 많은 프리랜서들은 전자책이라는 작은 출발로 더 큰 사업의 기회를 확장해나가기도 했다. 지식 근로자들이 자신을 알리는 또 하나의 플랫폼이 되고, 브랜딩 할 수 있는 매력을 갖고 있다.

청년시절 연수원 기업강사에서 결혼 후 개척교회 사모로, 암 환우로, 다시금 세상 속 강사이자 작가로 여러 모습으로 살아왔다. 어릴 적부터 들었던 다재다능하다는 말이 '제대로 하는 것이 없는 사람' 왜 그렇게 부정적 틀로 스스로 가두어 두었는지 모르겠다.

　최근에 'N잡러[23]'라는 말이 나오면서 '어머 저거 내 이야기인데…' 강의 콘텐츠도 강사 세계로 뛰어들다 보니 자꾸 늘어났다. 요리로 마음을 치유하는 푸드테라피, 자살예방 생명존중 강의, 4대 폭력예방 및 인성강의, 부모교육, 글쓰기, 책 쓰기, 독서법, 감정 코칭과 공감대화법, 최근 디지털 전환 강의까지 어쩌다 보니 여기까지 왔다. 여전히 제대로 판 우물도 없이, 여기저기 파다만 우물처럼 내 콘텐츠는 이거야! 라고 무얼 하나 딱 꼬집어 말하기가 참 힘들었다.

　대학 전공은 통계학과였고, 첫 직장은 프로그래밍 회사였다. 포항공대 재물관리 시스템을 개발하고, 포항제철 회사 내 전산실에서도 근무했다. 하지만 적성에 맞지 않아 딱 1년만 겨우 근무하고 나왔다. 그 이후 산업교육 강사로 청년 시절 몸담았다. 돌아보니 코로나 시대 한국능률협회에서 디지털 전환 강사로 또다른 직업을 갖게 된 것도 잠시 IT회사 근무한 이력이 도움이 되었다. 전공은 이과지만 실제 지금 하는 일은 대부분 교육과 심리, 문과 계통의 일이다. 이제는 문이과로 획일적으로 나뉘는 일이 아닌 통합적인 사고와 웹 기반의 데이터를 이용하고 조작하는 디지털 시대가 되었다.

23　N잡러 : 2개 이상의 복수를 뜻하는 'N', 직업을 뜻하는 '잡'(job), 사람이라는 뜻의 '러(-er)'가 합쳐진 신조어로 생계유지를 위한 본업 외에도 개인의 자아실현을 위해 여러 개의 직업을 가진 사람을 의미한다.(출처:네이버)

지금까지 제대로 된 콘텐츠가 없다고 생각하는 나에게 이제는 당당하게 외친다. "나, N잡러야! 그래 그게 나야!" 하나님이 나를 코스모스처럼 지으셨다고…, 여러 가지 색깔로 넓은 들판에, 길가에 자유롭게 피는 꽃, 어찌 꽃이 한 색깔만 있냐고, 여러 가지 색깔도 있다고…, 바람 부는 대로 휘날리지만 결코 꺾이지 않는 꽃! 혼자서도 아름답지만, 무리 지으면 더 아름답게 피는 꽃, 누군가 내게 코스모스를 닮았다는 말을 해 주었다. 그래서인지 나도 모르게 코스모스를 더욱 좋아하게 되었다. 코스모스는 우주라는 뜻도 있다. 우주를 품는 사람도 되고 싶다.

교육현장에서 내가 만나는 대상도 참 다양하다. 어린아이들부터, 중고등학생, 군부대, 학부모, 공무원, 기업, 시니어 등 다양한 곳에서 다양한 사람들을 만난다. 그들을 하나님의 형상으로 회복하고, 자신만의 색깔과 자신만의 향기로 당당하게 살아가도록 돕는 일을 하는 것이 나의 사명이다.

'어쩌다 N잡러'는 하나님이 나를 향하신 계획이자 사랑이시다. 삶은 어쩌다 살아지고, 어쩌다 서 있게 되는 주소가 많다. 그러나 그 어쩌다가 돌아보면 하나님의 섬세한 계획과 퍼즐과 같은 작품이다. 그러기에 '성공이냐, 실패냐'라는 섣부른 판단으로 사람을 재단하는 것은 참 부질없는 짓이다.

길게 보면 그 실패가 성공의 지름길이 되기도 한다. 하나님은 다 계획이 있으시다. 어쩌다 전자책 출판 과정을 소개하는 작가이자 강사로 부르셨는지 지금은 잘 모르지만 먼 훗날 지금의 모습도 어쩌다가 아닌 꼭 필요해서 사용하셨으리라. 지금 걷는 내 걸음이 누군가에게 작은 길잡이가 되길 바라며, '어쩌다 N잡러'와 함께 출판에 디지털을 입히는 전자책을 만드는 '맛있는 전자책 여행'을 떠나보자.

: 2장
맛있는 전자책 여행

1. 전자책의 매력과 전망

　전자책의 매력은 앞서 말했지만, 출판비가 제로, 돈 없어도 출판할 수 있다니! 엄청난 매력이 아닌가? 종이책은 사이즈 별로 가격도 다르고, 여러 가지 인쇄, 제본, 디자인 비용이 발생한다. 그러나 전자책은 편집디자인을 몰라도 어플 하나로 표지를 완성하고, 인쇄나 제본, 디자인 비용이 제로이다. 출판사에서 모셔가는 유명작가가 아니라도 좋다. 내가 출판사가 되어 내가 책값을 정하고, 전자책 판매 플랫폼에 내 책을 올리면 된다. 종이책과 전자책의 차이를 알아보면 다음과 같다.

<종이책과 전자책의 비교>

	종이책	전자책
휴대성	무게가 다양, 휴대성 어려움	휴대성 편리함
사이즈	책 사이즈 별로 가격 다름	사이즈 무관
컬러	1도(흑백), 4도(컬러) 도수에 따라 가격이 다름	컬러, 흑백 상관 없음
편집디자인	표지디자인 인디자인, 포토샵 프로그램 필요	포토샵 몰라도 어플로 표지 완성 (미리캔버스)
비용	인쇄, 제본, 디자인 비용 발생	인쇄, 제본, 디자인 비용 없음
재고	재고 위험 있음	재고 위험 없음
수익	인세 수익 8~10%(기획출판) 판매가 35% 수익(부크크 자가 출판)	판매가 70~80% 수익 (플랫폼 수수료 20~30%)

현재 우리나라 출판시장은 종이책이 대부분이지만 앞으로 디지털 출판시장은 더욱 커질 것이다. 예전엔 집집마다 신문을 받아보았지만, 지금은 신문 받아보는 집도 거의 없다. 그럼에도 불구하고 여전히 종이책이 주는 매력은 사라지지 않을 것이다. 하지만 디지털 출판시장은 점차 커지고 있고 더 많은 사람이 디지털 출판을 찾게 될 것이다.

1인 기업이 날로 늘고 있다. 평생직장은 사라지고, 자신의 브랜드를 스스로 만들어가는 시대가 왔다. 누군가가 나를 라벨링 하기 전에 스스로 내가 나를 네이밍해야 한다. 그 가운데 책 쓰기는 자신의 브랜드를 알리는 최고의 마케팅이다. 한 권의 책 쓰기를 통해 자신의 삶을 돌아볼 수 있으며, 자신의 콘텐츠를 일목요연하게 정리할 수 있다.

전자책의 가장 소비가 많은 부분은 웹소설과 웹툰이다. 이미 코로나 이전부터 꾸준히 독자들의 사랑을 받았고, 구독 서비스로 인기작가들은 단단한 독자층을 구성하고 있다. 내 딸도 웹소설 보는데 상당한 용돈을 쓰고 있다. 웹소설이 종이책으로 나오면 다시 소장각을 위해 기꺼이 지갑을 연다. 여기서 말하는 전자책은 PDF 형식으로 자신의 노하우를 전자책 플랫폼에 판매하거나, 출판사를 통하지 않고 개인이 쓴 책을 전자책 플랫폼에 올리는 방법에 국한한다.

2. 전자책 플랫폼의 각 특징

전자책을 판매하는 플랫폼은 다양하다. 현재 가장 활발하게 진행되고 있는 곳은 크몽과 탈잉, 그리고 유페이퍼 등이 있다. 자신이 쓴 전자책의 특성에 따라 플랫폼은 각각 다르다.

먼저 크몽과 탈잉은 주로 문제해결 방법을 다루는 전자책을 말한다. 주로 노하우 소책자이다. 크몽은 프리랜서의 마켓이라 불리며 많은 프리랜서, 지식 근로자들의 시장이라 볼 수 있다. 꼭 전자책의 형태가 아니더라도 자신이 가진 재능을 사고파는 플랫폼이다.

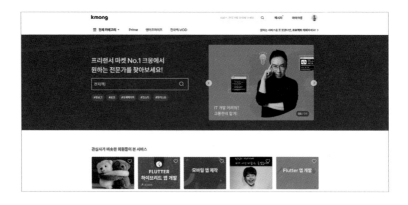

fig.2-1 크몽 홈페이지

 이에 반해 좀 더 폭넓게 시나 소설, 에세이 등 말 그대로 모든 책을 디지털 책으로 발행하는 플랫폼으로는 유페이퍼가 있다. 크몽이 기본 전자책 가격을 1만 원 이상으로 책정한 것과 달리 유페이퍼는 무료나 천 원부터 자신의 책값을 자유롭게 정할 수 있다.

 유페이퍼는 ISBN 발행도 가능하며, Yes24, 교보, 알라딘 등 e북으로 연계하여 유통시장이 더 넓은 편이다. 크몽의 전자책은 굳이 출판사명이나 책 표지 맨 뒷부분에 출간일이나 가격을 정하지 않고 상세 페이지에 표기하지만, 유페이퍼는 표지에 반드시 출판사명을 넣어야 한다. 단독 출판사를 가지고 있지 않다면 유페이퍼로 기재해서 적으면 된다.

유페이퍼 홈페이지

플랫폼의 선택에 대해 다음과 같은 차이점이 있다.

<플랫폼 비교>

플랫폼	크몽, 탈잉	유페이퍼	부크크
특성	노하우 소책자 레슨 실무 (문제해결 위주 전자책)	시, 소실, 에세이, 실용 서 등 ISBN 발행 (전 장르 전자책 출판)	독립출판 자가출판 ISBN발행 (종이책, 전자책)

내가 쓴 책의 성격이 어떤가에 따라 올리는 플랫폼도 다르다. 크몽과

탈잉은 대부분 실제적인 노하우 책이다. 어떤 문제해결에 대한 노하우 소책자라 볼 수 있다. 자신의 경험과 지식으로 다른 이들에게 빠르게 알려주는 족집게 과외 책 느낌이다. 가장 큰 시장을 갖고 있는 크몽은 한 마디로 '프리랜서 마켓'의 성격을 가진다. 자신이 가진 재능을 전자책뿐 아니라 실제 기술들을 사고파는 플랫폼이다. '전문성'이라는 무형의 서비스를 제품화한 플랫폼이다. 각자의 전문 분야로 먼저 전문가 프로필 등록을 해야 한다. 크몽 전문가로 등록하고 IT 기술, 디자인, 인테리어, 비즈니스컨설팅, 글쓰기, 투잡 노하우, 콘텐츠 제작, 마케팅 등 300개 이상의 카데고리를 보유하고 있다. 예를 들어 피아노를 잘 가르치는 기술이 있다면 실제 가르치는 레슨 시간과 금액, 장소 등을 올려놓을 수 있다. 우선 이 책에서는 자신의 노하우를 써서 제공하는 PDF, 전자책을 올리는 방법에 국한해서 알아볼 것이다.

크몽이 노하우 소책자를 올리는 플랫폼이라면 이에 반해 유페이퍼는 더 확장된 문서 전자책을 다루고 있다. 크몽에서 원하는 노하우 소책자뿐 아니라 에세이, 시, 실용서 등 전반적인 모든 책의 종류를 다루고 있다. 또한 ISBN으로 책을 발행하고 다른 e북 사이트에 동시에 링크할 수도 있다.

크몽은 수수료가 판매금 50만 원 이하는 20%, 50~200만 원은 12%, 200만 원 이상의 판매금에는 수수료가 6%이다. 전자책일 경우 50만 원 넘는 경우는 없으니 대개 20% 수수료를 내고, 크몽 전문가에게는 80%의 수익금이 돌아온다. 반면 유페이퍼는 수수료가 30%이고 수익금은 70%이다. 유페이퍼에서 판매될 경우는 그러하고 알라딘이나 교보문고, 기타 다른 이북 플랫폼을 통해 수익이 발생하면 추가 수수료가 더 있다.

내가 쓰는 전자책이 크몽에 올릴 성격인지, 유페이퍼로 내야 할 성격인지 먼저 판단하고 그에 맞는 플랫폼에 올려야 한다. '맛있는 전자책 여행'으로 전자책 쓰기 수업을 진행했다. 한 전자책 수강생 경우, 크몽 전문가까지 다 등록했는데 실제 낸 전자책이 크몽이 원하는 전자책의 성격과 달라 보류되는 경우도 종종 봤다.

전문가 등록까지 어렵게 했는데 그 플랫폼이 원하는 성격이 아니라 반려되는 경우도 있으니 먼저 자신이 쓰는 전자책이 어느 플랫폼에 더 적합한지 잘 판단해야 한다. 크몽에 올린 전자책을 유페이퍼에서도 낼 수 있지만, 유페이퍼에 낸 전자책은 크몽 플랫폼에서 요구하는 조건을 갖추었는지 잘 점검하고 올려야 한다. 유페이퍼가 더 다양한 성격의 전자책을 포함하고 있다.

부크크는 글을 쓰는 누구나 무료로 책을 출판할 수 있도록 도와주는 플랫폼이다. 종이책, 전자책 모두 출판이 가능하다. 단지 종이책은 POD(주문형 인쇄) 시스템이라 주문 후 그때부터 인쇄가 들어가 배송까지 시일이 많이 걸리는 단점이 있다. 전자책 보다는 종이책에 조금 더 집중된 느낌이다. 전자책의 경우 기념 삼아 내거나 종이책 판매가 우선으로 부록처럼 전자책을 내는 경우를 제외하면 전자책 전문 사이트인 유페이퍼를 이용해 내는 경우가 많다.

3. 내 책 기획하기

이제 전자책을 쓰기로 했다면 내가 써야 할 책을 기획해야 한다. 전자책이라고 일반 책과 별반 다르지 않다. 종이로 내는 책이냐, 디지털로 내느냐에 차이지만 근본적으로 책의 기획은 같다.

하루에도 수많은 책이 쏟아진다. 그러면 나는 어떤 주제의 이야기를 하고 싶은가? 내가 살아온 삶의 경험은 무엇인가? 성공한 사람만이 책을 쓸 수 있는가? 엄밀히 말하면 훨씬 유리하다. 누구나 성공하고 잘 살고 싶기 때문이다. 그 사람처럼 되고 싶어서 책을 읽기도 한다.

그러나 그 성공의 기준은 무엇인가? 평범한 내 삶 속에서도 차별화된 나만의 스토리와 경험이 숨어있다. 그것을 찾아야 한다. 내가 관심이 있는 분야, 내가 노력했는데 실패했던 경험조차 나만의 브랜드가 될 수 있다.

여기저기 면접에서 떨어진 사람이 단번에 붙은 사람보다 실전 면접에 관한 책을 더 잘 쓸 수 있다. 이것저것 사업에 실패한 사람이 오히려 창업의 관련된 컨설팅을 더 잘 할 수 있다. 대부분 상담대학원에는 자신의 문제를 해결하고 싶어 찾아 왔다가 상담사가 된 사람들도 꽤 된다. 내가 가졌던 방황, 실패, 고민, 치열하게 살아왔던 경험, 모두가 책 쓰기의 소재가 된다. 누군가 당신에게 어떤 이야기를 듣고 싶다고 찾아왔다면, 가장 신나게, 가장 즐겁게, 가장 자신 있게 이야기할 수 있는 주제는 어떤 것인가?

또한, 끊임없이 독자 중심의 사고방식이 필요하다. 내 경험과 내 이야기가 중요하지만 지금 시장에서 사람들이 궁금해하는 것이 무엇인지 독자를 염두에 두고 책을 써야 한다. 예상 독자가 누구며, 어떤 이들이 내 책을 필요로 하는 지가 중요하다. 책은 일기가 아니다. 일기는 나 혼자 보면 그뿐이다. 물론 그 일기가 넋두리에서 끝나지 않고 저자가 경험하고 느낀 감정들을 독자가 공감하고 위로와 힘이 된다면 일기 자체가 훌륭한 에세이가 된다. 독자가 무엇을 궁금해하며, 어떤 부분을 관심 갖고 있을지 독자 중심의 책을 기획해야 한다. 다음 사항에 답을 하며 내 책을 기획해 보자.

- 내 책 기획하기 -

1. 내가 쓰려는 책 한마디로 소개하면?
2. 이 책에서 전달하려는 메시지는 무엇인가?
3. 이 책의 독자는 누구인가?
4. 독자에게 무엇을 줄 수 있는가?
5. 내 책에서만 줄 수 있는 것은 무엇인가?

<책 쓰기의 진실>이란 책과 <바로 써먹는 군부대 강의 노하우> 두 권의 전자책을 썼다. 내가 쓴 책의 사례로 기획의도를 알아보자. <책 쓰기의 진실>은 고가의 책 쓰기 과정이 아닌 혼자서도 스스로 각 시트를 따라 여행하듯 책 쓰기가 가능하도록 돕는 책이다. 책 쓰기의 전반적인 과정을 이해하고, 각 프로세스에 따라 책을 쓰도록 한다. 또한 다

양한 출판의 종류에 대해 설명하고, 출간 전 초보작가로서 꼭 알아야 할 필수유의사항을 담았다.

 <바로 써먹는 군부대 강의 노하우>는 군부대 강의하려는 강사들에게 군 특수성을 이해하고 군부대 강의 노하우와 군 강의를 위한 관련 기관을 소개하고, 강의 시 유의사항과 독서코칭 결과보고서 샘플을 드리고, 효율적인 군부대 교육을 하기 위해 존재한다고 기획했다. 나는 왜 전자책을 쓰려고 하나? 그 책의 기획 의도, 존재가치를 먼저 설정하고 글을 써야 흔들리지 않고 쓸 수 있다. 지금 당신은 어떤 책을 쓰고 싶은가? 왜 그 책을 쓰려고 하나? 가장 기본이 되는 질문에 스스로 명확한 답을 가지고 있어야 끝까지 쓸 수 있다.

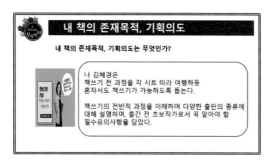

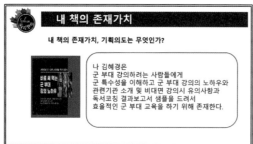

4. 매력적인 제목 만들기

사람들은 빠르게 정보를 검색하고 필요한 정보를 찾는다. 혼자 읽으려고 책을 만드는 사람은 없다. 결국 팔리는 책을 써야 한다. 그중 독자의 시선을 사로잡는 것은 바로 제목이다. 제목이 얼마나 매력적으로 시선을 이끄는 가는 참으로 중요하다.

최근 수많은 유튜버들이 생겨났다. 인터넷 공간 속에서 자신이 만든 영상이 선택받기 위해 썸네일을 멋지게, 호기심 있게 만들려고 애를 쓴다. 전자책도 그렇다. 당신의 경우, 크몽이나 인터넷 상에서 관심 분야의 책을 고른다고 할 때 무얼 가장 먼저 보는가?

당연히 책 표지와 제목, 디자인이다. 메리비안의 법칙에서는 4초 이내에 사람의 첫 인상의 80%가 결정되어진다고 한다. 책도 마찬가지이다. 누군가의 손에 잡히는 책이 되려면 책 내용도 중요하지만, 첫 이미지, 책 제목과 표지는 매우 중요하다. 흔히 제목이 그 책의 80%를 차지한다는 이야기가 있다. 그만큼 독자의 시선을 끌기 위해서는 매력적인 제목이 필수다. 유튜버의 썸네일이 어떤가에 따라 조회 수가 달라지듯 전자책 역시 표지와 제목이 미치는 영향이 일반 종이책보다 훨씬 더 중요하다. 책마다 조금씩 일부 내용을 볼 수 있도록 공개하기도 하지만 일단 독자의 시선을 사로잡는 표지의 제목과 부제, 디자인은 필수이다.

몇 가지 항목을 염두에 두자.

제목만으로도 책의 주제와 내용, 특징이 잘 드러나는가? 분야나 독자 층과 잘 어울리는가? 기억하기 좋은가? 입에서 입으로 옮기기 쉬운 것 인가? 시사성 흐름에 따른 책이 있는가 하면 어떤 제목은 굳이 시사성 을 추구하지 않아도 될 제목이 있기도 하다.

일단 영감이 떠오르면 메모를 하라. 나도 책 쓰기를 시작하면 어떤 제 목이 좋을지 책 쓰는 동안 생각한다. 우선 가제(가짜 제목)를 세워놓고 생각나는 대로 자신의 제목을 수정하면 된다.

SNS나 주변 사람들에게 의견을 지속적으로 물어보라. 내가 지은 책 도 첫 아이디어는 내가 냈지만, 주변 사람들의 의견을 지속적으로 참 고하여 수정했다. 제목뿐 아니라 제목을 뒷받침해 줄 부제도 함께 생 각해보라. 부제는 좀 더 구체적으로 이 책의 내용을 알려주는 책 제목 위에 따라오는 부수적인 제목이다.

실용서나 노하우 책은 이 책을 읽으면 독자에게 무엇이 유익한지 확 실하게 알려주는 제목이 좋다. 우선 내가 쓸 주제와 관련 있는 책 제목 을 검색해 보라. 책 제목은 어떤 독자에게 무엇을 전하고 싶은지, 그 문 제 해결을 어떻게 할 것인지를 알려주면 된다. 분명한 타깃을 선정하 고, 확실한 이익과 숫자가 들어가면 좋다. 예를 들면 "워킹맘을 위한 초간단 10분 요리" 혹은 "초보도 영상편집 하루 만에 고수가 되는 필 수 스킬 5가지", "한 달 만에 블로그 구독자 1,000명 만들기", "2주 만에 5Kg 감량, 독보적인 다이어트 공개" 등 구체적인 이익과 대상에게 문 제해결을 해 주는 제목이면 좋다. 크몽 내에서 검색해서 독자가 내 책을 찾아오게 할 경우, 책 제목에 키워드를 꼭 넣어야 한다. 상세 페이지에도 반복적으로 내 키워드를 넣어야 한다.

5. 글쓰기 꿀팁 10가지

"글을 어떻게 하면 잘 쓸 수 있나요?"
"글쓰기가 너무 어려워요. 하얀 백지만 보면 아무 생각이 안 나요."
"SNS 글 하나 올리는 데 몇 시간씩 걸려요. 너무 힘들어요."

많은 하소연을 듣는다. 글쓰기가 취미라고 이야기는 하지만 나 역시 글쓰기는 쉽지 않다. 한 편의 글이 모여 책이 되기 때문에 기본적인 글쓰기의 방법들을 익힐 필요가 있다. 다음 10가지 정도로 글쓰기의 꿀팁을 알아보자.

첫 번째, 아웃풋이 나오려면 인풋이 있어야 한다. 잘 쓰기 위해서는 많은 책을 읽고 잘 읽어야 한다. 한 달에 한 권의 책도 안 읽고 잘 쓰고 싶다면 그것은 욕심이다. 얼마나 많은 책을 읽느냐는 다독도 중요하지만 읽고 곰곰이 생각하고, 내 것으로 소화하는 과정이 필요하다.
나의 경우는 모든 책의 마지막 뒷장에는 그 책에 대한 독후감을 적어놓는 편이다. 책 표지와 본문을 연결해주는 면지는 연한 핑크, 아이보리, 하늘색 등 속지와는 또 다른 느낌의 몇 장의 면지가 들어있다. 책 내부의 빈 종이들을 그냥 두기엔 아깝다.

대학생 때부터 읽은 책마다 내 느낌과 감정, 읽었던 책 내용 중 생각나는 것들을 메모해 두었다. 때로는 책 내용과는 전혀 상관없이 남자 친구랑 싸운 이야기만 잔뜩 들어있는 책도 있지만 글쓰기를 즐겁게 늘리는 방법 중 하나이다. 나중에 다시 그 책을 꺼내보면 그때 쓴 책 마지막 면지의 글을 읽는 재미로 하루종일 시간을 보낼 때도 있다. 그 책 읽을 당시의 나와 마주하는 추억의 시간여행으로 훌쩍 떠나기도 한다.

다시 한번 강조하면 인풋이 들어가면 아웃풋은 나오게 되어 있다. 신앙생활을 한 이후로 매일 말씀 묵상하고 묵상 글을 적는 글쓰기 습관도 나를 작가로 만들어 준 큰 계기가 되었다. 대학노트 몇 권씩 성경을 매일 읽고 묵상하는 일명 QTQuiet Time를 생활화하는 것이 내 글쓰기의 큰 힘이 되었다. 혹 이 글을 읽는 분이 신앙인이라면 매일 큐티할 것을 강추한다. 나를 성찰하고 계획하고 나를 들여다보는 최고의 시간이며, 그런 내 마음의 감정과 계획을 그대로 글로 표현하는 훈련을 하다 보면 글이 절로 술술 나오게 된다.

두 번째, 짧게 써라. 그러면 읽힌다. 문장이 짧을수록 속도감이 있다. 긴 문장은 읽다가 호흡이 가쁘고 힘들어진다. 최대한 짧은 문장을 써라. 혹 중간에 짧게 끊기가 힘든 문장이라면 긴 문장 다음에는 되도록 짧은 문장이 되도록 해보라. 그러면 잘 읽히는 글이 된다. 습관적으로 쓰는 접속사를 빼 본다. 굳이 쓰지 않아도 되는 '그래서', '그런데', '그리고', 접속사만 빼도 깔끔한 문장이 된다. 긴 문장은 마침표로 짧게 끊어서 쓰는 훈련을 해 보라. 짧고 잘 읽히는 문장이 좋은 문장이다.

세 번째, 자료를 모아라. 내가 쓰고 싶은 주제가 생겼으면 관련된 자료를 모으는 것이 필요하다. 글쓰기의 고수들은 적절한 자료를 모아 잘 배치해서 적는다. 내 글을 더 돋보이게, 더 설득력 있게 만들어 주기 때문이다. 혼자만의 생각이 아닌 다른 사람들의 생각을 인용함으로 글의 분량도 효율적으로 늘릴 수 있다.

어떻게 글을 써야 되는지 방법도 중요하지만 내가 쓸 주제, '무엇'에 집중해 보자. 내가 관심 있는 분야의 글감을 최대한 모으고, 내가 보는 책뿐 아니라 유튜브, 신문, 드라마 모든 매체를 통해 관련된 주제에 글감을 모으는 작업을 하자. 아이디어 메모가 필수, 모든 글 쓰는 작가는 메모광이었다. 떠오르는 아이디어나 발견한 좋은 명언들은 꼭 메모나 핸드폰으로 음성녹음 기능으로라도 꼭 남겨 보자.

네 번째, 스토리를 활용하라. 스토리는 사람을 감동시킨다. 홍보에도 꼭 스토리텔링이 필요하다. 어릴 적 들었던 할머니의 이야기처럼 스토리는 우리의 마음을 움직인다. 딱딱한 홍보글 보다 그 안에 어떤 스토리가 담기면 그 제품에 더 마음이 끌리는 법, 하물며 글 속에 자신만이 담긴 경험은 독자를 더 끌어당긴다. 진솔하고 때로는 실패 이야기가 더 공감을 준다.

다섯 번째, 쉽게 써라. 어렵게 써야 유식한 것은 아니다. 그런 어려운 글은 아무도 안 본다. 박사들의 논문을 보라. 읽고 싶은가? 어려운 책을 읽으면 머리가 아프다. 논문은 논문의 형식과 가치가 있지만, 일반 사람들이 편히 보는 글은 우선 쉬워야 한다. 초등학교 고학년, 혹은 중학교 1, 2학년도 이해되는 글이 좋은 글이다. 쉬운 글이라고 유치한 것이 아니다. 쉽게 설명하는 강사가 명강사이듯, 쉽게 쓰는 글이 좋은 글이다.

여섯 번째, 글은 엉덩이로 쓴다. 글을 쓰고 싶지 않을 순간도 온다. 글쓰기는 긴 호흡이 필요하다. 머리로 가슴으로 쓰지만, 결론은 엉덩이로 쓴다. 책을 쓴 사람들은 그래서 모두 훌륭하다. 얼마만큼 책이 팔렸느냐도 중요하지만 일단 책을 썼다는 것은 자기 성장을 이루는 시간이며, 자기와의 싸움에서 승리했다고 볼 수 있다. 엉덩이를 들썩이고 싶지만, 그 긴 시간들을 잘 인내하고 긴 싸움을 잘 이겨냈기에 모두가 박수받을 만하다. 글은 엉덩이로 쓴다.

일곱 번째, 초고는 질보다 양이다. 처음 쓰는 원고를 초고라고 한다. 수정에 수정을 거듭하는 퇴고를 거쳐 드디어 최종 원고가 완성된다. 헤밍웨이는 초고를 걸레라고 했다. 허걱! 개인적으로 난 이 표현을 별로 안 좋아한다. 초고 쓰기도 보통 힘든 일이 아닌데, 달리 말하면 너무 잘 쓰려고 하지 말라는 이야기다.

첫 원고를 걸레라고 표현했다. 걸레를 비단으로 만드는 작업이 바로 수정 작업이다. 너무 잘 쓰려는 마음을 내려놓고 가볍게 글을 써 보자. 초고 글은 일단 쏟아지는 대로 쏟아내 보라. 맞춤법이나 띄어쓰기도 너무 고민하지 말고 편하게 써 내려 가라.

여덟 번째, 재능을 탓하지 말자. '난, 글쓰기 재능이 없어'라며 지레 겁먹고 물러서지 말자. 글쓰기는 이제 우리 생활의 필수 요소다. 말과 글은 서로 소통하는 중요한 도구가 된다. 글을 통해 자신의 제품을 홍보하기도 하고, 요즘처럼 1인 기업의 SNS 마케팅은 필수가 되었다. 코로나 이후 온라인 시장은 더욱 커지고 있다. 당연히 자신을 알리는 도구로 기본 글쓰기가 필수인 시대가 되었다.

자꾸 하다 보면 뭐든 늘게 된다. 욕도 자꾸 하면 는다. 근육도 자꾸 쓰면 단단해진다. 매일 작은 습관은 어느새 성큼 자신을 성장시킨다. 일기도 좋고, 자신의 경험을 매일 SNS에 공유하는 것도 좋다.

특히 글을 공유하는 것은 다른 사람의 반응도 볼 수 있고 예비저자라면 틈틈이 자신의 책을 미리 홍보하는 것도 좋다. 사람들에게 자신의 책 제목을 선택하게 한다든지, 표지 디자인도 조언을 구하면 의외로 많은 사람이 관심을 가져주고 답해준다.

작가는 거창한 타이틀을 걸고 등단을 해야만 작가가 아니다. 매일 쓰는 사람이 작가다. 글로 자신을 치유하고, 좋은 글 읽는 것을 즐거워하고, 글 쓰는 것을 즐기는 사람이 작가다. 즐기는 사람을 이길 사람은 없다. 남에게 평가받는 생각을 하니 힘든 것이지 자신의 마음을 있는 그대로 드러내고, 글쓰기는 심리치유의 좋은 도구가 된다. 재능을 탓하지 말고 매일 조금씩 글 쓰는 연습을 하고, 그것을 즐기는 사람이 되자.

아홉 번째, 내가 할 수 있는 글쓰기의 기회에 도전하자. 내가 글쓰기에 흥미를 붙인 것은 결혼 후 전업주부가 되었을 때였다. 청년시절 기업 강사를 했다. 기업에서 개인 성격진단과 조직 커뮤니케이션에서 조직 활성화 강의 등 다양한 강의를 했다. 7년 정도 기업 연수원 강사로 활동했다. 전국을 다니며 열정적으로 강의를 다녔다. 그때의 경험들이 오랜 주부 생활 후 지금 다시 강사 생활을 하는 데 좋은 자원이 되었다.

그렇게 바쁘게 살다 직장을 그만두고 결혼을 했다. 대구에서 직장생활을 했고 서울 남자를 만나 서울로 왔다. 서울에서는 따로 직장을 갖지 않았다. 미스 시절, 너무 돌아다니며 일해서인지 조용히 정착하고 싶다는 생각도 들었다. 그렇게 신혼시절, 남편 퇴근 시간만 기다리다 심심해서 듣게 된 것이 라디오!

라디오 노래와 사연을 재미있게 듣다가 어느 날부터 라디오 사연을 내 봐야겠다는 생각이 들었다. 내 주변에 일어난 일들을 대충 적어 보냈는데 신기하게도 보낼 때마다 내 사연이 소개되었고, 선물도 받았다.

그 선물 받는 맛에, 내 사연이 라디오에서 흘러나오는 재미에 빠져 정말 부지런히 라디오에 글을 냈다. 결국 아이를 낳고 키울 때 유모차, 카시트, 커플 반지, 커플 시계, 백화점 상품권, 청소기 등, 웬만한 살림살이를 다 장만하게 되었다. 그 후 목동에서 살 때 양천구 시민 백일장에 나갔다. 산문 부분에서 장원을 받았고, 그때 한 심사위원의 추천으로 한국문인협회 수필가로 등단하게 되었다.

돌아보니 작가로의 첫 발걸음이 라디오에 사연 보내는 일에서 시작되었다. 그 이후 경기도 여성 기예경진대회, 주부 백일장, 틈만 나면 모든 대회를 나가기 시작했다. 독후감 대회, 공모전 등 글을 써서 낼 수 있는 곳이라면 찾아서 다니다 보니 어느새 작가가 되고, 크고 작은 상들을 받을 수 있는 기회가 생겼다.

"작은 성공부터 시작하라. 성공에 익숙해지면 무슨 목표이든 할 수 있다는 자신감이 생긴다."

-데일 카네기-

SNS에 누군가의 글을 읽고 댓글을 다는 것도 글쓰기를 늘이는 한 방법이다. 페친이나 이웃이 쓴 글을 읽고 적절한 말로 요약해서 공감되는 댓글을 다는 것도 글쓰기의 훈련이다. 어떤 이웃들은 전혀 엉뚱한 댓글을 달기도 하고, 공감 능력이 현저히 떨어져 상대의 글에서도 자기가 하고 싶은 말만 툭 던지고 가는 사람들도 있다. 지나치면 그것도 시간을 훌쩍 넘길 수 있으니 조심해야 한다.

그래도 가는 만큼 받는 것이니 내가 먼저 주어야 이웃도 생기고 소위 인플루언서로 영향력 있는 사람이 된다. 개인 마케팅 능력을 출판사에서는 크게 보기 때문에 이 역시 작가라면 관심 갖고 해 나가야 할 일이다. 글쓰기는 거창한 것이 아닌 작은 것에서 시작될 수 있다.

열 번째, 책 쓰기를 시작하면 하루 중 언제 쓸 것인지 생각해야 한다. 우선순위를 두지 않으면 바쁘다는 핑계로 단 몇 줄로 끝날 수 있다. 처음에 이야기한 꼭 책을 내겠다는 절박함과 열정, 그리고 언제 어디서 책을 쓸 것인지 자기와의 약속을 해 보라. 그리고 자신이 글을 쓰고 있다는 사실을 주변에 알리고, 가족의 도움을 받을 수도 있고, 사람들과의 만남도 조절해야 한다.

SNS에도 책을 쓴다고 선포하라. 그러면 스스로 약속을 지키기 위해 부단히 노력하게 될 것이다. 나 역시 매일 말씀 한 장씩 묵상 글을 올리겠다고 선포해서 성경 전체를 하루에 한 장씩 묵상하면 3년 3개월이란 시간이 걸린다. 현재 800일째 지속하고 있다. 3년 3개월이란 시간이지만 하루도 빠짐없이 하겠다는 다짐을 하고, SNS에 선포하니 더욱 책임감을 가지고 글을 쓰게 되었다.

주변에 선포함으로 적당한 구속력과 긴장감, 책임감을 가지면 책 쓰기를 끝까지 해낼 수 있는 확률도 높아진다. 혹시 책 못 쓰면 어떻게 하나? 두려움에 빠지지 말고 반드시 선포해 보라. 그 정도 선포하지 못한다면 그리고 미리 빠져나갈 궁리부터 하면 쓸 수가 없다. 자신을 적당한 긴장감으로 몰아 넣으라.

　이상 열 가지 정도 글쓰기 꿀팁을 설명했다. 어떻게 보면 별로 새로울 것도 없지만 기본기에 충실하면 누구나 책을 쓸 수 있고, 작가로 한 발 나아갈 수 있다. 주로 종이책에 대한 글쓰기 꿀팁이지만 전자책은 좀 더 가볍게 다루어도 좋다. 크몽의 전자책은 시나 에세이가 아닌 문제 해결의 기술서에 가깝다. 전자책이 다시 종이책 출간으로도 이어질 수 있으니 좀 더 폭넓은 의미에서 글쓰기 팁을 나누었다.

　무엇을 쓰든 짧게 써라. 그러면 읽힐 것이다.
　무엇을 쓰든 명료하게 써라. 그러면 이해될 것이다.
　무엇을 쓰든 그림같이 써라. 그러면 기억 속에 머물 것이다.

　　　　　　　　　　　　-조지프 플리처('플리처상' 만든 미국의 신문 경영자)-

6. 내 삶의 보석 찾기(목차 구성)

　책 쓰기 중 가장 힘든 부분이 있다면 개인적으로는 바로 목차 쓰기다. 목차만 잘 잡혀도 책 쓰기가 그리 어렵지 않다. 주제가 나무라면 목차는 가지다. A4 용지에 그림을 그리듯 내 책의 목차를 잡아보자. 우선은 주제와 상관없이 내가 쓰고자 하는 소제목들을 나열해 보라. 각각 같은 주제별로 묶어보고, 중복된 이야기는 정리한다. 마지막으로 주제별로 분류한 다음 파트 제목을 정한다. 말은 쉬운데 한 번에 제대로 된 목차 잡기가 쉽지 않다.

일단은 전체적인 책꼴을 생각하고, 책을 스케치한다는 마음으로 목차를 잡아보자. 각 장에 맞는 키워드로 중간제목들을 정하면 된다. 목차는 책 전체 내용을 작은 단위로 요약해 놓은 한 페이지짜리 원고다. 책의 내용을 잘 요약하고, 책의 콘셉트를 잘 반영하고 있어야 한다.

간혹 책 쓰기 강의를 하면, 목차 없이 그냥 생각나는 대로 글 써도 되나요? 하는 분이 계신다. 글쓰기 훈련이라면 일단 글을 써야 느는 것이기에 당연히 O.K. 그러나 책 쓰기는 다르다.

하나의 주제를 향해 잘 꿰어야 하므로 목차 없이 쓰다 보면 나중에 다시 책을 써야 하는 번거로운 경우가 발생한다. 하지만 책 쓰기는 '딱 이 방법만이'라는 진리는 없다. 우선 당장 목차가 떠오르지 않으면 내가 쓰고 싶은 내용을 쓰다가, 적당한 시점에 목차를 잡고 하나씩 내용을 채워나가도 좋다. 그래야 긴 호흡의 책을 잘 배분해서 쓸 수 있다.

우선은 내 주제와 관련된 키워드를 나누고, 그 키워드에 따라 각 장을 기, 승, 전, 결 혹은 서론, 본론, 결론이나 시간의 흐름을 잡는 책, 실용서라면 이론과 실전으로 나누는 방법으로 목차를 잡을 수 있다. 몇 가지 사례를 통해 조금 더 내 책의 목차를 잡아보자.

책쓰기의 진실 : 목차사례

서문) 맛있는 책쓰기 여행을 시작하며

1강 주제선정
1) 책의 매력은?
2) 나의 브랜드 비전찾기
3) 책쓰기의 소재
4) 나만의 존재가치를 찾아라
❶ 나의 존재가치(워크시트1)
5) 나는 이런 책을 생각한다
❶ 나의 책 스케치(워크시트2)

2강 매력적인 제목 뽑기
    & 글쓰기 꿀팁
1) 시선을 끄는 제목은? 제목이 80%
2) 원고집필 요령
3) 원고 구성은?
4) 글쓰기 꿀팁 10가지
❶ 내 책 제목 만들기(워크시트3)

책쓰기의 진실 : 목차사례

3강 내 삶의 보석찾기(목차, 메시지)
1) 목차로 마음을 사로 잡아라
2) 뼈대 세우기
3) 목차 사례1,2,3
4) 꼭지 다듬기 사례
❶ 내 목차 스케치(워크시트4)

4강 경쟁도서 분석 및 자료찾기
1) 대형서점, 온라인 서점 탐방하기
2) 타 도서 분석방법
3) 해 아래 새 것은 없다
4) 나만의 차별화 20%
5) 자료 모으기

5강 서문쓰기
1) 머리말이 판매를 결정한다
2) 머리말에 담을 내용은?
❶ 내 책의 머리말 스케치(워크시트5)

6강 본문쓰기
1) 각 꼭지에 있어야 할 내용 세가지
2) 글쓰기의 3S

책쓰기의 진실 : 목차사례

7강 출간기획서과 저자 프로필
1) 출판 프로세스 이해하기
2) 출간기획서 작성법
3) 원고 투고 양식과 요령
4) 출판의 종류 : 기획출판 VS 자비출판
5) 자비출판의 매력
6) 저자프로필 만들기
❶ 내 책의 출간기획서(워크시트6)
❶ 저자 프로필쓰기(워크시트7)
❶ 내 책 미리 만나기(워크시트8)

※ 부록 :

작가가 꼭 알아야 할 필수사항
(유의할 점)
-. 나의 첫 책이 사라진 이유

 fig.2-4 '책 쓰기의 진실' 목차사례

바로 써 먹는 군부대 강의 노하우 : 목차사례

- 서문 : 군 부대 강의의 맛 / 3

1강 군 전문강사의 자질과 소명
1) 어쩌다 군부대 강사 / 7
2) 군 부대 교육의 특수성 / 9
3) 군 전문강사의 매력과 소명 / 10

2강 군 교육 성공전략 5가지
1) 부대 소통 : 대대장님과 간부님을 내 편으로 / 13
2) 유연성과 민첩성 : 비상 상황은 언제나 발생한다 / 14
3) 강사의 포지션 : 친절하게 단호하게 / 16
4) 따로 또 같이 : 혼자서도 잘하지만 함께 더 잘 하자 / 17
5) 시간은 칼이다 : 1분 1초도 정확하게 / 18

fig.2-5 '바로 써먹는 군부대 강의 노하우' 목차사례 1

141

바로 써 먹는 군부대 강의 노하우 : 목차사례

3강 사전에 꼭 챙겨야할 유의사항 5가지
1) 부대는 지도에 없다 / 20
2) 여자 화장실은 어디에? / 21
3) 지혜로운 Px 사용법 / 22
4) 내 장비는 내가 챙기자 / 22
5) 비대면 교육시 유의사항 / 23

-. 에필로그 : 청춘들을 그대 품에 / 28

· 부록1,2 : 군 전문강사 교육기관 및 지원자격,
선발 요강, 지원서
독서코칭 결과보고서
독서코칭 강의안 사례

fig.2-5 '바로 써먹는 군부대 강의 노하우' 목차사례 2

　일반 종이책에 비해 전자책은 분량이 조금 자유롭다. 크몽의 전자책은 문제해결책이므로 일반 종이책처럼 서론이나 동기가 길지 않아도 된다. 바로 독자가 궁금해하는 문제해결에 대한 핵심만 적으면 된다. 그래서 뚝딱 몇 시간이면 전자책 한 권을 쓸 수도 있다. 그래도 자신의 노하우를 잘 정리하기가 쉽지 않다. 이 책이 과연 시장성이 있는지도 걱정되고 머뭇거리게 된다. 그럼에도 불구하고 자신의 전문성을 브랜드하는 작업으로 전자책은 유용한 도구가 된다.

　전자책의 분량은 크몽은 A4 용지 20매 이상, 탈잉은 50매 이상, 유페이퍼는 따로 원고 분량에 대한 기준이 없고, 원고 분량은 자유이다. 주로 한글로 작성해서 워터마크를 넣고, PDF로 전환하여 플랫폼에 올린다.

7. 크몽 전자책 발행(전문가 등록과 서비스 등록)

크몽에 전자책을 내기 위해서는 먼저 크몽에 회원가입을 해야 한
다. 회원가입을 하면 내가 이 플랫폼을 사용하겠다는 의미, 내 전자책
을 올리기 위해서는 전문가로 등록해야 한다. 크몽 전문가 등록을 해
야 이곳에 전자책을 올릴 자격을 갖추는 것이다. 크몽에서는 이러한
경력과 이력으로 전자책을 올릴 만한 전문가인지 판단한다. 관련된 공
부나 자격을 어느 정도 갖추었는지 알아보는 관문이라 할 수 있다. 크
몽의 전자책 등록은 크게 전문가 등록과 서비스 등록으로 나뉜다.

전문가 등록

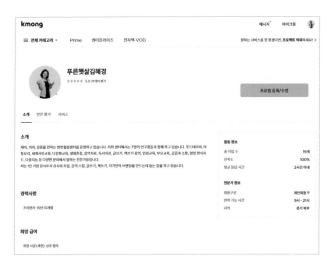

fig.2-6 크몽 프로필 등록 화면

먼저 프로필 등록을 버튼을 누르고 각 항목대로 입력하면 된다. 이미
등록된 프로필은 등록/수정 버튼으로 재설정할 수 있다. 각 항목은 전
문가 소개, 전문 분야, 보유기술, 학력전공, 자격증, 경력사항, 추가정보
로 구성되어 있다. 전문가 닉네임을 실명, 혹은 브랜드 네임을 쓰면 된
다. 하나씩 저장하고 다음 과정으로 진행하면 된다.

fig.2-7 크몽 전문가 소개 화면

간혹 일부는 하고 다 못해서 처음부터 프로필 등록으로 가면 또다시
처음부터 진행해야 한다. 중간에 저장하고 나왔다면 프로필 등록을 이
어서 할 수 있다. 전문 분야, 보유기술은 내가 내려고 하는 책의 성격과
꼭 맞아야 하는 것은 아니므로 편하게 내가 잘하는 분야로 지정하면

된다. 학력이나 자격증도 졸업장이나 관련 자격증을 사진 찍어 업로드 하면 된다.

경력사항도 관련기관에서 있었던 경력이 있다면 경력증명서를 사진 찍어 업로드 하고 마지막 추가정보는 상주, 비상주를 선택하고 무난하게 시급은 서로 합의하에 하겠다고 체크하면 된다.

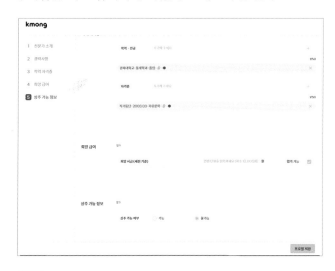

fig.2-8 크몽 프로필 등록 마지막 화면

상주, 비상주는 고객이 자기 회사로 혹 상주해서 일할 수 있는지 없는지를 묻는 문항이다. 일반적으로는 굳이 회사 가서 일할 의향이 없다면 비상주로 하고, 혹 요구하는 회사에 상주해서 일할 수 있다면 상주라고 체크하면 된다. 나는 비상주로 선택하고, 기본 시급은 입력하지

145

않고, 상호협의로 표시한다고 했다. 차례대로 입력하는 정보는 왼쪽에 차례대로 기록된다.

여기까지 잘 해 오셨다면 첫 관문은 크몽 전문가로 등록, 완료! 첫 단추를 잘 끼웠다. 다음과 같이 등록 메시지가 뜬다. 다음은 크몽에 내가 가진 재능, 전자책을 등록해 보자.

fig.2-9 크몽 프로필 등록 완료 화면

서비스 등록

이제 본격적인 서비스를 등록할 차례다. 먼저 메인 화면에서 마이 크몽을 누르면 다양한 판매실적과 거래내용, 서비스 등록 메뉴가 나온다. 왼쪽 메뉴에서 서비스를 클릭하면 본격적인 서비스를 등록할 수 있는 메뉴가 나온다. 나의 경우 이미 등록된 서비스가 2개 있고, 맨 아래 서비스 등록을 클릭하면 새로운 서비스를 추가할 수 있다. 만드는 중인 서비스도 맨 위에 뜬다. 오른쪽 세로 점 세 개를 클릭하면 이어서 수정이나 편집작업을 계속 할 수 있다. 처음에 이 기능을 몰라서 매번 처음부터 다시 서비스 등록을 하며 고생했던 기억이 난다.

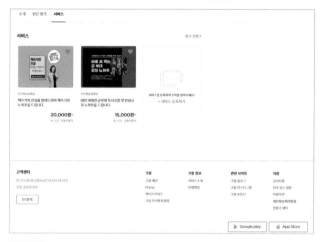

fig.2-10 크몽 서비스 항목 화면

fig.2-11 크몽 서비스 등록 초기 화면

147

기존에 등록된 서비스가 먼저 뜨고 그 아래에 서비스 추가 항목이 뜬다. 첫 서비스를 등록해 보자. 맨 아래 서비스 등록하기 더하기를 누르면 된다.

서비스 등록을 클릭하면 내가 쓸 전자책의 상세 페이지가 나온다. 5단계로 이루어져 있다. 차례대로 입력해 보자. 단계별로 써야 할 상세 페이지가 다소 번거롭기도 하지만 차근차근 입력하면 나만의 서비스가 등록, 완료된다.

상세 페이지는 기본정보, 가격설정, 서비스 설명, 이미지, 요청사항으로 이루어져 있다. 먼저 기본정보는 내가 낼 서비스, 즉 전자책의 기본정보를 입력하면 된다. 제목은 어떤 정보를 줄 것인지 책 제목과 더불어 어떤 노하우를 주는 것인지 설명하면 된다. '~ 드립니다.'로 문장이 끝나니 이에 맞추어 쓰면 된다. 내가 쓴 두 번째 전자책 '바로 써먹는 군부대 강의 노하우' 책으로 사례를 들어보자.

▶ 기본정보

fig.2-12 크몽 서비스 등록 중 기본정보 화면

이어서 내가 낼 전자책 카테고리가 어떤 것인지 설정한다. 이 카테고리를 설정을 잘 못 하면 뒤이어 복잡한 설명이 이루어지니 잘 설정해야 한다. 나도 처음에 설정을 잘 못 잡았더니 어디서 교육할 거냐? 온오프냐? 레슨 장소는 어디냐? 등 엉뚱한 질문이 나왔다. 아마도 교육 레슨으로 잡아서 실제 그 과목을 어디서 가르칠 것이냐 등의 질문이 이어졌다. 혹 전자책이 아닌 실제 기술을 가르치는 교육이라면 레슨 날짜와 장소, 금액을 정해서 서비스를 설명하는 것도 필요하다. 여기서는 전자책에 국한 지어 서비스 항목을 써 보기로 하자. 상위 카테고리는 취업·투잡으로 잡고, 하위 카테고리는 전자책·노하우로 설정하면 된다. 추가 서비스 타입은 전화상담 혹은 메시지로만 등 필요한 기능을 입력하고 파일 형식은 PDF를 설정한다.

▶ 가격 설정

fig.2-13 크몽 서비스 등록 중 가격 설정 화면

항목마다 저장하고 나가면 서비스 등록 편집에서 다시 이어서 쓸 수가 있다. 다음은 가격설정이다. 크몽에서는 총 3단계로 가격을 설정할 수 있다. 스탠다드, 디럭스, 프리미엄으로 이루어져 있다. 스탠다드는 간단히 전자책만을 주는 사항을 말하고, 디럭스와 프리미엄은 더 확대된 개념으로 자신의 서비스를 설정할 수 있다. 내 경우를 말한다면 디럭스로는 전화 상담과 실제 군부대 강의안 사례 제공으로 10만 원을 설정했고, 군부대 강사가 되고 싶은 분들을 위한 강사 코칭 과정으로 강의안 제공뿐 아니라 강의 스킬을 알려드리고 100만 원으로 설정했다. 이때 꼭 설정해야 하는 것은 전자책 PDF 분량을 적어야 한다.

▶ 서비스 설명

다음으로 구체적인 서비스 설명을 적는 란이다. 먼저 전문가 소개를 쓰고 관련 경력과 이력 사항을 적는다. 전문가 등록 시 적은 프로필 사항을 그대로 복사해서 넣어도 좋다. 특별히 이 전자책과 관련된 자신의 경력과 이력 사항을 적으면 된다. 또한 어떤 대상에서 적합한지, 이 전자책의 기대효과 등을 설명하면 된다.

fig.2-14 크몽 서비스 등록 중 서비스 설명 화면, 전문가 소개

fig.2-15 크몽 서비스 등록 중 서비스 설명 화면, 기대효과

151

첫 전자책 <책 쓰기의 진실> 상세 페이지는 다음과 같다. 서비스 설명으로 전자책 <책 쓰기의 진실>에 대한 설명과 각 단계별 코칭 제공설명을 넣고, 전문가 소개를 넣는 순으로 쓰기도 한다. 단계별 코칭은앞에 적었던 가격별 3단계 내용을 요약해서 적으면 된다.

fig.2-16 크몽 서비스 등록 중 서비스 설명 화면

전문가 소개에 이어 '이런 분께 추천드립니다.' 추가 사항을 구체적으로 넣어 이 상세 페이지를 읽는 분이라면 앗, 내가 여기 해당되네. 하는마음이 들도록 구매가 필요한 대상들을 구체적으로 적으면 좋다. 어느한 대목에서는 이 책이 필요한 사람이 바로 '나'라는 생각이 들도록 구체적인 대상들을 잘 분석해서 적으면 좋다.

fig.2-17 크몽 서비스 등록 중 서비스 설명 화면

fig.2-18 크몽 서비스 등록 중 서비스 설명 화면

이어서 '이런 분께 추천드립니다. 추천드리지 않습니다.' 사항은 필수 사항은 아니다. 자신의 전자책에 도움 될 내용이라면 적고 굳이 필요 없다면 안 써도 된다. 이런 분께 추천드립니다. 라는 사항만 써도 된다.

이밖에 전자책 구매 시 필수 확인사항을 추가해서 넣고, 저작권 안내는 나와 비슷한 전자책을 등록한 분들의 상세 페이지를 참고해서 동일하게 넣으면 된다. 또 개별로 이벤트를 진행할 수도 있다. 구매 후 후기를 남기는 분들께 또 다른 혜택 사항도 기재해도 좋다.

fig.2-19 크몽 서비스 등록 중 서비스 제공절차 화면

마지막으로 서비스 제공절차는,

스탠다드 : 문의를 통한 견적 확인 > 결재 > 최종 작업물 발송

디럭스 : 문의를 통한 견적 확인 > 결재 > 최종 작업물 발송 > 1회 코칭(상담)

프리미엄 : 문의를 통한 견적 확인 > 결재 > 최종 작업물 발송 > 2회 상담(개인코칭) > 독서코칭 강의안 제공 등 자신에게 맞게 정리해서 넣으면 된다. 전자책만 있을 경우 디럭스와 프리미엄 과정이 없다고 쓰면 된다. 3단계 모두를 해야 하는 건 아니다. 전자책뿐 아니라 그를 시작으로 심화 과정도 있다면 알릴 수 있는 좋은 기회이다.

▶ 이미지

fig.2-20 크몽 서비스 등록 중 이미지 화면

상세 페이지 4번째 단계는 비로소 표지를 넣고, 전자책을 업로드 하는 단계이다. 표지 이미지, 썸네일은 미리캔버스를 통해 쉽게 만들 수 있다. 내 책의 표지는 일반 종이책도 그렇지만 전자책은 더욱 중요하다. 어떤 이미지의 썸네일이냐에 따라 나와 비슷한 수많은 콘텐츠에서 선택될 수 있기 때문이다. 표지 권장 사이즈는 652*488px 비율에 맞추어 만들어야 한다.

표지도 다양한 툴로 만들 수 있지만 가장 쉽고 편한 미리캔버스로 만들어보자. 먼저 구글 창에서 미리 캔버스를 입력하고 창이 뜨면 가장 먼저 크기부터 입력해야 한다.

fig.2-21 책 표지 만들기, 미리캔버스

직접 입력창을 열고 652*488로 입력해서 표지 크기를 정한다. 탬플릿 크기가 정해지면 내가 만들려는 표지와 관련 있는 단어를 입력하고 여러 가지 뜨는 탬플릿 중 원하는 이미지를 찾고, 필요에 따라 내 사진을 입력하고 책 제목도 정해서 입력하자. 크몽에서는 표지에 출판사가 들어가지 않지만 유페이퍼는 앞 표지에 출판사를 넣어야 한다.

개인 출판사를 갖고 있지 않다면 출판사 이름을 유페이퍼로 이름을 넣고 그림을 저장하면 된다. 화면 전체에 꽉 차도록 표지를 넣으면 표지 그림이나 글쓰기 잘릴 수 있다. 반드시 가운데 그림이나 글이 모이도록 하고 왼쪽, 오른쪽에 여백을 두어야 한다.

표지 이미지를 저장해야 다음에 미리캔버스를 열었을 때 수정할 수 있다. 이미지를 저장 후 다운로드를 받으면 표지가 완성, jpg나 png로 다운받으면 된다. 인터넷상에 올릴 표지므로 웹용으로 다운받으면 된다.

fig.2-22 책 표지 다운받기, 미리캔버스

이제 표지도 완성되었고, 자신이 쓴 글 전자책 hwp 문서를 pdf로 다른 이름으로 저장하면 된다. 크몽에서는 pdf 그대로 올리면 되지만, 유페이퍼는 전자책 내에 책 출판사와 책값, 저자 등 몇 가지 항목을 책 마지막 페이지에 추가시켜야 한다. 자세한 항목은 유페이퍼 등록시 다시 알아보자.

이어서 모든 문서가 준비되면 워터마크[24]를 넣어보자. 워터마크는 크몽, 유페이퍼 모두 필수는 아니다. 단지 내 문서에 자신의 닉네임이나 기호를 넣어 쉽게 복사하지 못하도록 하는 데 있다. 워터마크는 알PDF 프로그램을 설치 후 워터마크 기능을 삽입하면 된다. 워터마크를 넣을 글자를 입력 후 배치를 선택하면 모든 문서에 워터마크가 생긴다. 글자 크기나 색깔, 위치, 각도는 각자 원하는 대로 미리보기에서 상황을 확인한 후 최종적으로 전자책을 pdf로 저장 후 업로드한다.

이밖에 미리 보기 개념으로 상세이미지 전자책 일부 9장을 올려야 한다. 이곳에 중요한 정보가 잘 보이도록 올리는 것이 중요하다. 대부분 구매자들이 맛보기 개념인 미리 보기를 보고 구매를 결정짓기 때문에 내가 만든 전자책 일부 중 가장 중요한 내용이나 호기심을 일으키는 부분을 그림 파일 jpg로 각각 저장하여 하나씩 추가 저장하면 된다. 또한 비디오 업로드 부분도 있어 전자책과 관련된 동영상을 올릴 수 있다. 동영상 등록은 필수가 아니라 선택이다. 이어서 최종 내가 만든 PDF 전자책을 업로드하면 된다.

▶ 요청사항

마지막 요청사항에서는 작업 전 요청사항을 추가하라고 나오지만 전자책은 주문 접수되는 즉시 의뢰인에게 자동발송되므로 따로 항목을

---

24 워터마크 : 지폐나 컴퓨터 등의 분야에서 불법 복제를 막기 위해 개발된 복제 방지 기술을 말한다.(출처:고려대한국어대사전)

추가할 필요가 없다. 이상의 단계가 모두 완료되면 제출하기 버튼을 누르면 모든 전자책 등록 과정이 끝난다.

  모든 서비스 등록을 마치면 크몽에서 심사를 한 후 일주일 이내로 답변이 온다. 부분적으로 보완을 할 부분을 일일이 체크해서 알려준다. 첫 책에는 책 페이지 수를 적는 것과 최종 수정 작업일을 꼭 상세 페이지에 넣으라는 요청사항이 왔다. 그것만 수정해서 넣으니 바로 승인이 되었고, 두 번째 전자책을 요청사항 없이 곧바로 등록 승인이 났다. 궁금한 점은 크몽 홈페이지 맨 하단에 일대일 고객센터를 통해 상담받을 수 있다. 이메일로 문의해도 빠른 시간에 답변이 온다.

8. 유페이퍼 전자책 발행(전자책 등록과 ISBN 받기)

  크몽에 이어 유페이퍼 전자책 발행을 알아보자. 유페이퍼는 크몽에 비해 전자책 등록이 쉬운 편이다. 번거로운 전문가 등록이나 서비스 상세 페이지 등록 절차도 없다. 구글이나 인터넷 검색에서 유페이퍼라고 입력하고, 홈페이지로 가보자. 먼저, 전자책 판매자 등록하기로 들어가서 판매자 등록을 하자. 궁금한 사항은 홈페이지 맨 아랫단에 유페이퍼 도움말로 들어가면 자세한 사항을 안내받을 수 있다.

유페이퍼 회원가입 후 메인화면

크몽과 달리 유페이퍼에서 발행한 책은 책마다 ISBN을 등록할 수 있다. ISBN은 국제표준도서번호International Standard Book Number를 말한다. 주민번호와 같이 책 고유의 번호다. 전 세계에서 생산되는 각종 도서에 부여하는 고유한 식별기호로 국명, 출판사, 도서코드 등 13개의 숫자로 표시된다. 도서의 유통을 합리적으로 하기 위한 장치이며, 크몽과 달리 유페이퍼로 ISBN 부여받은 책은 네이버 인물등록으로 책을 쓴 저자로도 쓰일 수 있다. 유페이퍼로 전자책을 발행하는 이유 중 하나는 네이버 인물등록을 위한 브랜딩으로도 쓰인다.

크몽은 단지 크몽 사이트 내에서만 판매가 일어나지만 유페이퍼의 전자책은 각 책마다 ISBN을 등록할 수 있고, 다양한 e북 판매처로 연결지을 수 있다. 유페이퍼에서는 U캐시가 필요하다. 미리 U캐시를 채워 넣어도 되고 필요에 따라 그때그때 결재를 해도 된다. U캐시는 유페이퍼에서 사용되는 전용 캐시라고 보면 된다. 이 캐시로 책을 살 수도 있고, ISBN 등록비 등 기타 결재를 할 수 있다.

표지를 만드는 것은 크몽의 전자책 표지, 미리 캔버스로 만든 것과 동일하다. 단 유페이퍼라는 출판사를 표지에 꼭 써야 한다. <바로 써먹는 군부대 강의 노하우>의 전자책을 예로 들면 다음과 같다. 책 제목, 발간일, 출판사, 책 가격, 저자의 이메일 등 마지막 저작권 문구도 함께 넣으면 된다.

바로 써먹는 군부대 강의 노하우

발행 : 2021. 4. 27
펴낸이 : 푸른햇살
펴낸 곳 : 유페이퍼

가격 : 15,000
이메일 : khk9011@hanmail.net
SNS 블로그, 페이스북, 인스타그램, 카카오스토리 : '푸른햇살김혜경'으로 검색
* 이 자료는 대한민국 저작권법의 보호를 받습니다.
작성된 모든 내용의 권리는 작성자에게 있으며, 저작자의 승인이 없이는 모든 사용이 금지됩니다. 이 자료의 일부 혹은 전체 내용을 무단으로 복제, 배포, 2차적 저작물을 작성할 경우 5년 이하의 징역 또는 5천만 원의 벌금과 민사상 손해배상을 청구합니다.

크몽의 경우 굳이 마지막 장을 아래와 같이 쓰지 않아도 되지만 유페이퍼는 ISBN도 발행받아야 하므로 실제 종이책처럼 마지막 장에 꼭 몇 가지 사항들을 기재해야 한다. 그럼 유페이퍼로 전자책 등록 과정을 알아보자.

▶ 회원가입

회원가입을 하면 각 개인의 페이퍼가 생긴다. 내 책장이라 할 수 있다. 내 페이퍼에 들어와서 맨 윗줄 항목에 웹 에디터를 클릭하자.

fig.2-24 내 페이퍼 상단 웹에디터 클릭

▶ 웹 에디터

웹에디터를 열면 다음과 같은 창이 열린다. 먼저 전자책 등록 버튼을 클릭하자.

fig.2-25 유페이퍼 전자책 등록화면

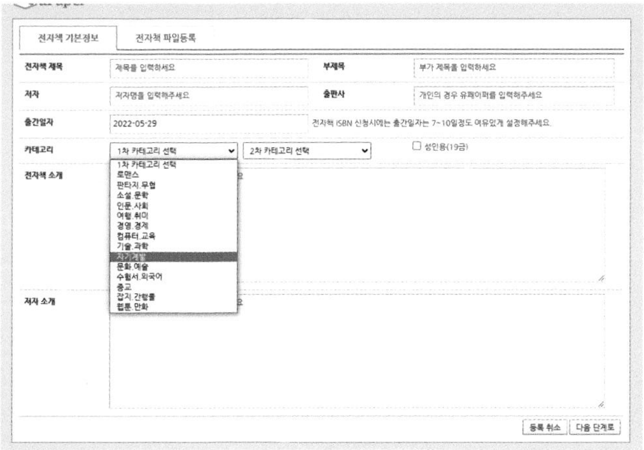

fig.2-26 유페이퍼 전자책 기본정보 입력화면

▶ 전자책 기본정보

전자책 등록을 클릭하면 전자책의 제목과 부제목, 저자, 출판사(개인일

경우 유페이퍼라고 쓰면 된다), 출간일자(ISBN 등록 기간을 설정해서 여유 있게

일주일 뒤로 자동설정된다), 카테고리는 자신이 내는 책의 성격에 따라 소

163

설문학, 인문사회, 자기계발 등 카테고리를 정하면 된다. 이어서 전자책 소개와 저자 소개를 입력 후 다음 단계로 넘어가자.

fig.2-27 유페이퍼 PDF 등록 및 목차 입력 화면

▶ 전자책 파일 등록

이어서 다음 단계로 넘어가면 구체적인 전자책 등록 파일 업로드와 목차 설정이 있다. EPUB 등록과 PDF 등록이 나오는데 여기서는 PDF 등록을 클릭하면 PDF 전자책을 파일 업로드할 수 있다. ISBN 등록은 따로 하고 여기서는 넘어가고 전자책 ECN은 자동으로 설정되니 그냥 지나쳐도 된다. 이어서 표지를 선택해서 올리고, 목차를 차례대로 설정해서 올리면 된다. 크게 장 위주로 설정하면 된다. 차례대로 목차 제

목을 넣고 페이지를 설정하게 되어 있다. 장 페이지 수가 겹치면 안 된다. 순차적으로 장 제목과 페이지를 차례대로 쓰면 전자책 등록이 완성된다.

▶ ISBN 발급 신청

다음으로 ISBN 등록받는 법을 알아보자. 유페이퍼에 전자책 등록 절차를 따라가면 ISBN 발급 신청이 나온다. 신청을 클릭하고 1000원 캐시나 카드로 결재하면 발급도 끝! 진행 기간은 일주일 정도 소요된다.

fig.2-28 유페이퍼 ISBN 발급 신청 화면

▶ 다양한 유통 채널 등록

신청이 완료되면 다양한 채널로 전자책 판매가 등록이 완료된다. 크몽과 달리 유페이퍼는 유페이퍼 뿐 아니라 다양한 온라인 채널로 책이 판매된다. YES24, 알라딘 e-book, 밀리의 서재, 교보문고 e-book 등 다양한 채널로 유통된다.

fig.2-29 유페이퍼로 등록한 책 : YES24 등록 화면

fig.2-30 유페이퍼로 등록한 책 : 알라딘 e-book 등록 화면

  이상으로 전자책 플랫폼에 전자책 등록하는 방법을 알아보았다. 내가 가진 노하우나 콘텐츠가 있다면 출판비 제로, 전자책으로 얼마든지 여러 가지 책들을 출판할 수 있다. 나를 브랜딩할 수 있는 최고의 자격증, 세상에 의미 있는 작업, 전자책으로 나를 과감히 드러내자.

: 3장
디지털 글쓰기, 기록의 힘

 기록되지 않는 것은 기억되지 않는다는 말이 있다. 꾸준한 기록의 힘은 자신의 삶의 역사이자 자신이 갖고 있는 콘텐츠의 축적된 지혜의 보고가 된다. 코로나 이후 디지털 전환은 가속화되었다. 출판사에서도 종이책을 출간할 경우 작가의 SNS 마케팅 역량을 크게 본다. 출판사에서도 당연히 얼마나 작가가 자신의 브랜드로 마케팅 역량이 되는지를 보지 않을 수 없다. 기존의 작가는 그나마 출간의 장벽이 덜하지만, 초보 작가에게는 쉬운 일이 아니다. 누구에게나 열린 디지털 세상에서는 출판사를 통하지 않고도 출판비 제로의 매력으로 자신만의 전자책을 무한 생산할 수 있다.

 자신의 콘텐츠를 한 권의 전자책으로 담아 나만의 브랜드를 만들자. 작은 용기만 있으면 자신의 책을 뚝딱 낼 수 있는 시대다. 또한 그런 책을 플랫폼에 사고파는 시대이다. 자신의 전자책을 내고, 네이버 인물 등록을 통해 작가로서의 자리매김도 가능하다.

코로나19 이후 아이들의 이해력과 문해력은 날로 떨어지고 있다. 실제 학교 현장에서 만난 선생님들은 해가 갈수록 아이들의 어휘력이나 이해도가 낮다고 우려하고 있다.학교를 오지 못하니 학습의 격차도 또 다른 사회문제로 대두된다.

대부분 스마트폰 등 다양한 전자기기들은 자유롭게 사용하지만, 사고하고 그것을 자신만의 생각으로 표현하는 글쓰기 능력은 현저히 떨어진다. 자신을 표현하는 말과 글은 아주 중요한 삶의 소통 도구이다. 또한 상대를 이해하는 도구이기도 하다.

디지털 시대, 글쓰기의 힘은 자신을 표현하는 가치 있는 도구이다. 꾸준히 기록하는 습관만으로도 자신의 인생 스토리를 가꾸며 의미 있는 삶을 만들 수 있다.

혼자만 갖고 있던 생각에 그치지 않고 그것들을 공유하면 더 큰 파장을 일으키고, 선한 영향력을 끼칠 수 있다. 물론 공공의 선을 추구하는 가치는 반드시 지녀야 한다. 디지털 시대 온라인 빌딩을 세우고, 또한 그 속에 나만의 콘텐츠를 꾸준히 담아가자. 그 내용들을 정리해서 전자책으로 담아내며 자신의 브랜드를 만들어가자.

메이 웨스트는 '인생은 한 번뿐이다. 하지만 제대로 산다면 그 한 번으로 족하다.'라고 했다. 단 한 번 살아가는 인생길에 내 이야기가 나의 이야기로 그치지 않고, 우리의 이야기로 더 나아가 다음 세대를 위한 디딤돌로 소중한 한 걸음을 내딛어보자.

전자책 만드는 과정을 담았지만 더 나아가 종이책을 출간하는 것도 도전하길 바란다. 전자책 출판의 경험으로 실물의 종이책을 잡아보는 희열도 꼭 맛보기를⋯ 이미 종이책을 낸 경험이 있는 분이라면 전자책 출판에도 도전하시기를 응원한다.

코로나19 이후 대면·비대면 강의로 상황에 따라 선택적으로 교육을 하듯, 출판 역시 실물 종이책과 디지털 전자책을 자유롭게 오가며 내 지식과 경험을 필요로 하는 다양한 독자들과의 만남을 가져보자. 책은 읽는 사람도 변화시키지만, 그 전에 책을 쓰는 사람을 가장 멋지게 성장시키는 최고의 도구가 될 것이다.

> 책을 쓰는 것은 다른 사람의 삶에
> 영향을 미치는 작업만은 아니다.
> 책으로 인해 자신의 삶
> 또한 변하지 않으면 의미가 없다.
>
> － 짐 콜린스 －

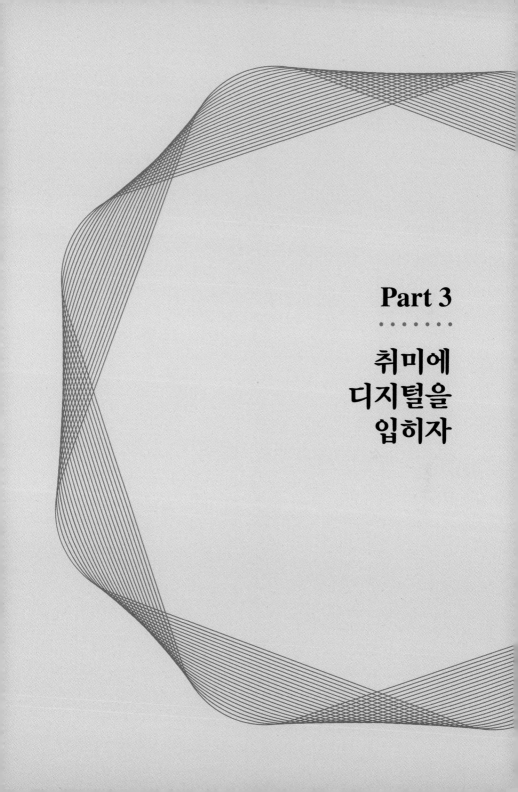

Part 3

취미에
디지털을
입히자

"오늘도 있는 그대로 행복한 날"

 지금 가장 배우고 싶거나 하고 싶은 것이 무엇인가요?

 시간 낭비하는 것이 아까워 끊임없이 꼼지락하기를 좋아해서 꼼지락 덕후가 되었다. 핸드메이드에 유독 관심이 많아 직접 해보는 것을 좋아하고, 관심 있는 것은 궁금증이 해결될 때까지 알아가는 과정을 즐기며 배우고 있다. 많은 것을 배우면서도 미루었던 재봉틀을 배우면서 지금 으른[25]육아(나를 돌보는 育我)에 많은 시간을 보낸다.

 그런데 하고 싶어도 배우는 것조차 엄두를 내지 못한 것은 바로 그림 그리기였다. 그림에 재주 없고 자신 없어 학창 시절에 미술 시간은 즐겁지 않은 시간이었다. 이제 으른이 되어 미루기보다는 하고 싶다면 일단 도전해 보자는 생각을 했다.

25   으른 : '어른'의 방언 (출처: 네이버 어학사전)

바로 그 무렵 동네 배움터에서 시작된 패턴아트[26]에 눈이 번쩍! 결국 신청하고 배우게 되었다. 패턴아트는 그림에 소질이 없어도 가능했다. 종이와 펜만 있으면 짧은 시간에 '규칙과 반복'으로 멋진 그림을 그리며 힐링할 수 있었다. 이 패턴아트를 배우면서 그림에 대한 자신감과 주변 사물에 관심을 갖게 되어 무료하지 않은 일상을 보내고 있다.

이렇게 패턴아트는 취미로 시작해 Job이 되고, 새로운 삶의 변화가 시작되었다. 무료함을 넘어 디지털 세상 메타버스에 탑승하고 제페토 아이템 만들기를 시작했다. 패턴을 그리고 디지털로 입혀 만들어진 아이템을 판매하며 제페토 아이템 크리에이터가 된 것이다.

가상공간에서 디자이너의 꿈을 이루며 으른 육아가 즐겁다. 함께 살아가는 으른이들이 꿈을 꾸고, 그 꿈이 이루어지길 응원하는 마음으로 디지털 지구 메타버스 탑승에 손을 잡아주고 싶다.

하고 싶은 것도, 할 수 있는 것도 없다며 무료하게 보내고 계신가요?

나의 삶이 자식들 육아에 보낸 시간이 허무하신가요?

내 꿈을 다시 꿈꾸며 시작하고 싶다면, 이제 나를 돌보는 육아育我를 시작하세요.

하고 싶고 배우고 싶은 것은 미루지 마세요.

---

26 패턴아트 : Pattern과 Art의 합성어(출처 : iCSO도형미술연구소)

배우기 딱 좋은 나이는 '바로 지금'입니다.

'나는 내가 참 좋다.' 이렇게 말할 수 있는 멋진 으른이 함께 되어요.

:1장
으른이 된다면

1. 무섭지만 배우고 싶은 것

손도 발도 생각도 꼼지락하기 좋아하는 꼼지락덕후이다. 매일 뭘 하는지, 뭐가 그리할 게 많은지 꼼지락하며, 꼼지락 일상을 통해 감사와 행복을 알기에 오늘 있는 그대로 행복한 작가이다.

2018년부터 블로그에 아는 것만큼이라도 나누겠다는 마음으로 아는 정보를, 때로는 배우며 알아가는 경험의 과정을 기록하고 있다. 블로그에 관한 정보와 자료, 현업에서 했던 경험을 토대로 스마트스토어에 대한 정보와 스토어 운영 관리를 돕고 지원하기도 한다. 많은 것을 알아서 하는 것이 아닌 알고 있는 것이라도 도우며 나누고 싶었다. 그것만으로도 충분히 가치 있는 일이고 가치 있는 사람이 되고 싶다고 생각했다. 자신의 가치를 스스로 가치 있게 만들기 위한 용기와 도전이기도 했다. 그렇게 시작한 블로그를 통해 더 많이 배우고 성장할 수 있는 시간을 보내며, 블로그를 통한 소중한 인연이 지금까지 연결되어 사람 선물로 머물러 주니 감사한 일이다.

오래전부터 재봉틀을 배우고 싶었다. 손바느질하는 퀼트, 뜨개질도 좋아하는데, 재봉틀의 드르륵 소리가 그냥 좋다. 그래서 시간적 여유가 생겼을 때 가장 먼저 배운 것은 재봉틀 사용법이다. 평소 꼭 배우고 싶던 재봉틀을 배우며 패션 소품도 만들면서 무섭게만 생각되던 재봉틀과 조금씩 익숙해졌다.

재봉틀을 배우니 자꾸만 무언가 만들고 싶었던 당시, 교육을 받으러 간 교육장에서 현수막을 떼어 바로 휴지통에 버리는 것을 보고, 버려지는 현수막이 아까워 가져 왔다. 그러면서 찾게 된 것이 폐현수막으로 시장 가방을 만드는 업사이클링이었다.

책을 출간하신 작가님들의 저자 강연회의 현수막을 비롯해 송년회, 기념회 등 참석한 곳의 현수막은 관계자의 허락을 받아 가져왔다. 가져온 현수막으로 가방을 만들어 저자님과 출판사에 선물하니 세상에 하나뿐인 굿즈가 되어 좋아 했다. 지금은 현수막을 보면 '꼼지락덕후'가 생각난다는 분들도 계신다.

현재는 폐현수막 가방 업사이클링으로 수업도 진행했으니 꼼지락하기 좋아하는 덕후에게는 큰 성과가 되었다.

배움은 다음으로 미루는 것이 아니다. 부모님 말씀하시길 "배움은 다 때가 있다."고 하셨는데, 그 '때'라는 것은 누구에게나 '바로 지금'이라고 생각한다. 해보지 않아 무섭게만 생각했는데 무서움을 떨치고 용기 내서 배우기를 잘 했다.

2. 자원봉사할 수 있어요

첫 아이 출산과 육아로 경력 단절이 되는 시간이 있었다. 그때 찾아간 곳은 지역 자원봉사센터이다. 내가 무엇으로 봉사를 할 수 있을지 막연했지만 일단 센터 방문으로 상담받고, 자원봉사를 위해서 기본교육도 받았다. 그리고는 잊고 있었던 시간들이었다.

코로나19 마스크 대란으로 어려움을 겪고, 마스크 사용 후 넘쳐나는 일회용 마스크에 환경오염을 생각하지 않을 수 없었다. 곳곳에서 천 마스크 제작을 위한 봉사자 모집 소식에 기꺼이 동참했다. 봉사라는 것을 하려고 해도 어떻게 해야 할지를 잘 몰랐다. 아니 더 깊이 관심 있게 생각하지 않았었다. 무엇으로 할 수 있을까 고민했는데 누구에게나 자신만이 할 수 있는 뭔가가 있었다. 두렵지만 배우고 싶었던 재봉틀을 배우니 마스크 제작 봉사가 가능했던 것이다.

지난해 9월쯤 한 명의 아동청소년과 끝까지 함께하는 멘토링 전문 사회복지 NGO 러빙핸즈에서 문의가 왔다. 2022년 졸업하는 고3 친구들을 응원하기 위한 '러빙워크'를 준비하면서 필요한 에코백 제작이 가능하냐는 것이었다. 평소 러빙핸즈의 활동에 관심이 있는 후원자로서 2주일을 꼬박 자르고 박음질하면서 현수막 가방 200여 개를 만들었다. 혼자서 만들기는 시간도 촉박하고 수량도 많았지만, 내가 할 수 있다면 이 또한 감사한 일이라는 생각으로 일정에 맞춰 만들고 기부했다.

대단하지 않아도 결코 쉽게 할 수 있는 일은 아니라 생각했다. '무엇

으로 자원봉사를 하나?'
고민했던 지난 시간을
떠올리며 스스로 해냈다

는 뿌듯함과 나눔의 시
간을 갖게 되어 덕분에
감사했다. 자동차 운전
은 좋아하지 않지만, 재

봉틀 발판에 발을 올려놓고 드르륵 하는 재봉틀 소리에 묘한 힐링과
충전이 되니 이런 내가 이상한 걸까? 아무래도 괜찮다, 그냥 내가 할
수 있어서 좋다.

봉사는 돈이 많아야 하는 건가요?
봉사는 시간이 많아야 하는 건가요?
봉사는 재주가 있어야 하는 건가요?

봉사에 돈, 시간, 재주 등이 있으면 더 좋다. 그보다 봉사하고자 하는
마음, 의지가 있다면 무엇으로도 봉사는 가능하다. 마음이 움직이면
미루지 말고 뭐든 시작하자, 시작하기 좋은 때는 딱 지금이다.

: 2장
힐링 여행 떠나요

1. 힐링하는 패턴아트

그리면서 힐링하는 드로잉 테라피 패턴아트는 힐링 여행이다. 보도 블록을 보면 규칙과 반복으로 이루어진 모양이 있고, 공원의 담장을 봐도 조각조각 타일의 무늬들이 어우러진 멋진 문양이 있다. 명절 과일 상자에도 규칙과 반복의 무늬, 오고 가는 길 곳곳에서 보던 무늬들이 패턴이다.

배움은 하고자 하면 기회가 오고 눈에 띄게 되는 현실이 참 신기하다. 그림에는 취미나 솜씨가 없다고 생각했기에 그림을 잘 그리는 사람이 부러웠다. 특히 연필로 쓱쓱 스케치를 거침없이 하는 모습은 매우 멋지다. 종이와 연필만 있으면 준비물 간단하고 복잡하지 않게 어디서나 즐길 수 있는 드로잉을 잘 하고 싶었다. 이 간절한 생각이 결국 패턴 아트를 알게 되어 도형미술지도사가 될 수 있었다.

점, 선, C곡선, S곡선, 동그라미만 그릴 수 있다면 패턴아트는 그리면서 힐링하는 힐링 여행이다. 꼼지락덕후로서 규칙과 반복으로 패턴의 아름다움을 표현하고 패턴을 활용하여 다양한 아트 작품을 만드는 것이 매우 좋다.

처음 패턴아트를 알게 된 후, 온통 보는 것들을 패턴으로 보게 되어, 공연장 조명이 무대에 비친 무늬를 기억했다 집에 와서 그려보기도 했다. 패턴을 통해 일상에 대한 관심과 관찰에 집중하게 되니 보는 것들이 아름답고 그런 일상이 행복했다.

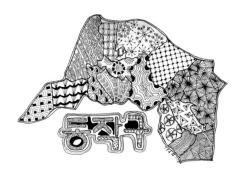

　매일 스스로 프로젝트로 모닝탱글, 매일탱글, 꼼지락탱글 등 패턴을 그리고 블로그와 SNS에 올리니 꼼지락 일상에 새로운 변화가 생겼다. 패턴아트를 쉽고 간단하게 배우고 함께 즐길 수 있는 재능기부 수업을 하게 된 것이다.

　우리동네키움센터에서 아이들과 원데이 수업을 하던 날, 초등 1~2학년을 대상으로 수업했는데 산만하지 않고 아이들이 수업에 잘 집중했다. 더 많이 더 다양하게 하고 싶어하는 아이들의 모습에 보는 내가 더 행복하고 뿌듯했다. 수업을 마치고 마지막으로 나가던 여자아이의 말에 울컥했다. "선생님 내일 또 와주세요."

　원데이 수업이라 내일을 약속할 수 없음에도 나도 모르게 "응" 하고 대답했다. 코로나로 그날 약속을 지키진 못했지만, 언젠가 더 재미있고 즐거운 패턴아트 수업으로 다시 만날 것을 기대하고 있다.

　50세 이후 내 삶에 패턴아트가 활력이 되어준 것처럼 쉽고 간단하게 그리면서 힐링하는 패턴아트를 사람들에게 소개하고 싶다. 한번은 패턴아트 수업에 참여하신 학습자분이 자랑하셨다. 직접 그린 패턴을 보

게 된 손녀딸이 '할머니 멋지다'는 말을 해줘서 배우기 잘했다며 좋아
하셨다. 그럴 땐 나도 보람을 느낀다.

종이와 펜만 있으면 즐길 수 있는
드로잉 테라피 패턴아트를 배우게
되면서 그림 그리는 취미는 평범한
일상이 되었다. 손바닥만 한 크기의
종이 타일에 규칙과 반복으로 다름
을 인정하며 점과 선에 집중하는 패
턴아트, 이제는 그림을 그리는 것이

두렵거나 무섭지 않다. 잘하려는 욕심을 버리고 선의 흐름대로 그리다
보면 전혀 상상하지 못한 패턴의 아름다운 매력에 빠지게 된다.

5~15분 이내 짧은 시간 안에 완성할 수
있는 패턴아트 드로잉 테라피
위 아래 구분하지 않고 어느 방향에서도
감상이 가능하다.

2. 무료(無聊)하지 않은 힐링 여행

쉴 틈 없이 자식 키우고 일하며 살다 보니 어느덧 젊은 청춘의 시간은 지나서, 육아와 살림하는 동안 엄마를 찾던 아이들도 이젠 엄마를 찾지 않는다. '엄마' 하던 아이들의 소리가 점점 사라질수록 공허감과 허전함이 밀려오고, 그러다 문득 매일 똑같이 반복되는 일상에 무료함을 느끼게 된다. 뭘 해도 재미없고 즐겁지 않다. 바쁘게 해야 할 일도 누군가 날 찾아주는 일도 없다. '이렇게 시간을 흘려보내면 안 되는데…' 하는 불안감이 엄습해 왔다.

나와 친정 언니는 10년 터울이다. 언니의 모습을 보면서 앞으로 10년 후의 내 모습을 상상하게 된다. 언니가 바쁘게 일했던 모습도, 힘들어 아파했던 모습도, 삶에 두려움이나 아쉬움도 없는 모습도 보았다. 그런 모습을 보면서 언니를 위한 시간이 있었더라면 하는 안타까움에 미안했다.

나는 어떤 상황에서도 부정하고 불평하기보다는 나를 위로하고 보살피며 무언가 배우는 즐거움을 찾았다. 누군가는 지금 배워서 뭐에 쓰려 하냐는 핀잔 아닌 핀잔을 하고, 그만 좀 배우라는 말도 한다. 그런 말을 들을 때면 더 강하게 좋아하고 재미있는 것을 찾아 배우는 행복한 일상을 멈출 수 없었다. 배워서 남 주는 일도 자신을 더 행복하게 만들고, 가치 있는 일이라 생각했다.

100세 시대, 이제 허리춤에 있는 나이가 되었다. 아직도 청춘이라고 생각하는데, 하고 싶은 것도 할 줄 아는 것도 없어 무료[27]無聊한 일상을 보낸다는 지인들의 말을 들으면 안타까운 마음이다. 그래서 여기에 재미있게 일상을 무료하지 않고 즐겁게 보낼 수 있는 유용한 정보를 나누려고 한다.

무료하지 않은 으른 육아를 위해 스마트폰 사진작가 되기

내 손 안에 스마트폰만 있으면 살아가는 모습, 사는 곳, 일상의 소소한 모습들을 사진으로 찍고 기록한다. 동네 산책 중 무심히 지나쳤던 담장의 들꽃, 지붕 위에 있는 고양이의 모습, 간식을 입에 물고 잠들어 버린 유모차에 탄 아기의 모습 등, 소중한 우리의 모습을 사진으로 기록한다. 누구나 스마트폰 사진작가가 될 수 있다.

사진 따라 그리는 디지털 드로잉 하기

---

27 무료(無聊):지루하고 심심함.

이젠 찍어 놓은 사진을 따라 그리는 드로잉을 하며 무료하지 않게 보낼 수 있다. 스마트폰에 익숙해지면 디지털 세상에서 살아가는 것도 재미있다.

이 책에는 지역의 평생학습관 동네배움터를 통해 배운 패턴아트가 무료하지 않은 삶의 변화에 큰 도움이 되었다. 디지털과 친숙하지 않은 으른에게 50세 이후 삶에 무료하지 않은 일상을 만들어 줄 것이다. 무엇을 시작하든 자신을 위한 으른 육아를 시작하는 데 스마트폰 하나로도 충분하다. 이제 무료無料(값이나 요금을 받지 않음)로 무료無聊하지 않은 나를 위한 으른 육아에 관심을 두고 시작하길 바란다.

3. 똥손도 디자이너가 가능해요

종이와 펜만 있으면 어디서든 짧은 시간에 몰입과 힐링을 할 수 있는 패턴아트는 매력적이다. 그림에 재주 없는 똥손도 그림을 잘 그릴 수 있게 자신감을 느끼게 해 준다. 아날로그 감성의 손으로 그린 패턴은 디지털을 만나 새로움을 입히게 된다.

내가 입고 싶은 옷을 직접 만들어 입고 싶다는 꿈, 패션은 잘 몰라도 옷을 만들고 입을 수 있는 디자이너가 되고 싶은 꿈이다. 나를 위한 디자이너가 되고 싶어 원단을 사서 치마를 만들고 조끼를 만들었다. 내가 만든 옷을 입고 시상식에 가고 싶다는 꿈은 현실이 되어 집콕 공예 공모전 3등 수상에 직접 만든 주름 허리 치마를 입고 갔다.

이를 계기로 내가 만든 옷을 많은 사람이 입을 수 있다면 어떨까 상상하게 되었다. 상상은 디지털 지구 가상공간 제페토에서 아이템으로 만들어 수많은 제페토 이용자들이 내가 디자인한 옷을 입는 꿈을 꾸게 된다. 현실에서 막연하고 힘들다고 생각했던 꿈은 가상공간에서 현실로 이루어졌다.

디자이너의 꿈은 가상공간 제페토에서 아이템을 만들고 출시 판매되면서 패션디자이너, 제페토 아이템 제작자가 되었다.

: 3장
제페토 아이템 크리에이터 되기

제페토에서 아이템을 만드는 방법은 2가지가 있다. 템플릿 에디터를 이용하는 방법과 3D모델링 제작을 이용하는 방법이다. 3D모델링 제작은 특정 프로그램과 전문성이 필요하기에 이 방법은 피하고, 템플릿 에디터를 활용해서 PC와 휴대폰으로 전문적이지 않아도 쉽고 간편하게 아이템을 제작할 수 있는 방법을 소개하려고 한다. 더불어 이미 제페토 아이템을 만들고 출시 판매되는 꼼지락덕후의 경험을 토대로 제페토 아이템 제작자가 꿈인 으른이들을 응원한다.

템플릿 에디터 활용에 대한 가이드가 아닌 실제 아이템을 만드는 경험 위주로 내용을 소개하며, 초상권과 저작권에 문제가 되지 않는 사진과 이미지 사용을 기본으로 해야 한다는 것을 잊지 않기를 바란다.

1. 아이템 만들기 PC : 그림판, 포토스케이프

제페토 아이템은 크기와 파일 확장자가 가이드에 맞지 않으면 업로드되지 않는다. 파일의 크기는 최적 256*256px, 최대 512*512px이고, 확장자는 png 파일만 업로드 가능하다. 템플릿에 업로드하기 위한 사진 또는 이미지의 크기와 확장자를 그림판 또는 포토스케이프를 이용하여 변환하는 방법을 먼저 소개한다.

그림판에서 변환하기 : PC편

윈도우 기본 그림판에서 사진 또는 파일의 크기 및 파일 확장자 변환하기를 할 수 있다.

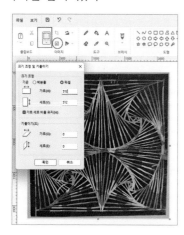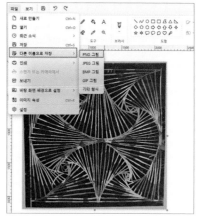

제페토 아이템 최대 512*512px 크기 조정 후 [다른 이름으로 저장]을 한다. 그림판에서 JPG를 PNG 또는 PNG를 JPG로 간편하게 변환 저장

할 수 있다. 제페토 아이템 파일은 꼭 PNG로 올려야 한다. 3D 그림판에서도 같은 메뉴로 크기 조정과 파일 변환이 가능하다.

그림판 3D에서 캔버스 클릭 ➤ 크기 조정이 가능

캔버스 크기 조정에서 ☑[가로세로 비율 고정] ☑[캔버스와 함께 이미지 크기 조정] 체크 여부에 따라서 이미지가 잘릴 수 있다. 이미지 크기 조정 후 [다른 이름으로 저장]에 확장자를 PNG로 선택하여 저장하면 된다.

포토스케이프 프로그램으로 변환하기

포토스케이프는 무료 이미지 편집 프로그램으로 PC에서 다운로드 후 사용이 가능하다. 포토스케이프를 열고 파일을 선택, 불러오기를 해서 크기 조절 및 다른 이름으로 저장에서 확장자를 PNG로 저장한다. 다른 이름으로 저장하기 기능이 있는 프로그램에서는 PNG, JPG

등 확장자를 선택하여 저장할 수 있으며, 이미지 파일 조정 변환 작업은 모바일보다는 PC에서 할 것을 추천한다.

2. 아이템 만들기 휴대폰 : 디자인 플랫폼 미리캔버스

이제 본격적으로 제페토 아이템을 만들어보자. 아직도 막연한 생각이 많이 들 것이다. 걱정하지 말자. 이 책을 다 읽고 나면 자신만의 멋진 제페토 아이템을 만들 수 있을 것이다.

하고자 하면 방법은 많다. 해보지 않아서 모를 뿐이다. 패션에 관심이 있다면 쉽고 간단하게 꾸미고 싶은 패션 아이템 만들 수 있다. 특별한 프로그램이 없어도 무료로 사용할 수 있는 미리캔버스를 이용하여 제페토 아이템 만들기를 시작한다.

• 제페토 스튜디오에서 원하는 아이템을 선택하고 템플릿을 다운로드 한다.

다운로드한 템플릿은 미리캔버스에서 꾸미고 저장하여 제페토 아이템 만들기에서 다시 업로드하면 되는 과정이다.

제페토 스튜디오에서 아이템 만들기를 클릭한 후에 보이는 패션 아이템 중에서 원하는 아이템을 클릭한다. 그리고 아이템의 템플릿을 내려받는다.

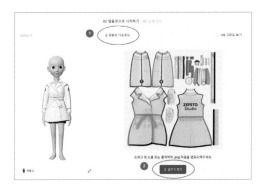

• 원하는 아이템을 선택하고 ① 템플릿을 내려받는다.

내려받은 템플릿을 미리캔버스에서 요리조리 꾸미기 시작한다.

193

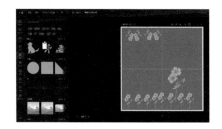 

미리캔버스에서 바탕색을 바꿔보고, 꽃무늬 패턴도 넣어서 전체적
인 느낌을 확인하면서, 딱 이거다 싶은 패션아이템을 만들어본다.
완료된 이미지 파일은 오른쪽 상단의 다운로드 클릭 PNG 파일로
다운로드한다.

· 제페토 스튜디오로
들어와 png로 저장한
파일을 드래그 앤 드
롭 또는 업로드 하기
를 클릭하고 준비된
이미지를 선택하여
올린다.

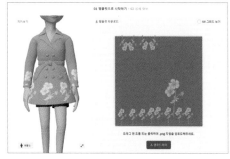

업로드 후 캐릭터를
클릭하며 좌, 우 드래
그하면 360도 회전하
면서 미리 보기도 가
능하다.

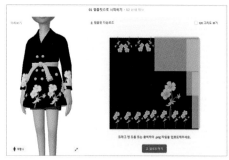

- 업로드 후 썸네일 및 상세정보에 아이템의 이름과 가격, 태그 등을 입력하고 오른쪽 위의 저장 및 제출하기를 누른다. 제출하기를 누르면 심사 가이드라인 확인 알림 창에서 확인 체크 후 [심사 제출하기] 버튼을 누르면 된다.

이렇게 심사 제출하고 빠르면 3~4일, 보통은 약 10여 일에서 2주 정도 기다리면 심사 승인 후 출시된다. 심사기간 동안 총 3개의 아이템을 제출할 수 있으며, 아이템이 이미 존재하거나 브랜드 카피 등 문제의 소지가 있는 아이템은 심사가 거절될 수도 있다. 거절된다 해도 실망하지 말고 계속해서 아이템을 만들어 제출한다.

휴대폰에 제페토 앱이 설치되어 있으면, 승인 시 앱으로 알림을 받을 수 있다. 누구나 가능한 제페토 아이템 만들기로 제페토 세상에서 나만의 멋진 디자인 상품을 만들 수 있다.

3. 아이템 만들기 휴대폰 어플 : 이미지 사이즈

디자인 전문가 아닙니다.
포토샵 프로그램이 없어도 가능합니다.

휴대폰만 있으면 가상세계 제페토에서 아이템을 만들고 디자이너가
될 수 있다. 지금까지 알고 있는 방법 중에서 가장 쉽고 간단한 제페토
아이템 만드는 방법으로 이 글을 다 읽고 나면 제페토 아이템 만들기
가 훨씬 쉬워질 것이다.

PC나 노트북 없이 휴대폰 만으로 제페토 아이템 만들기 작업을 가능
하게 하기 위해 먼저 '이미지 사이즈' 어플을 다운로드한다. 다운로드
가 되면 휴대폰에 아이콘이 생성된다.

제페토 아이템은 크기가 정해져 있어 크기에 맞지 않으면 업로드 되
지 않으니 권장 크기 256*256px, 최대 512*512px로 작업을 한다. 일반
적으로 사진을 찍거나 스크린샷의 경우 사진 이미지의 크기가 커서 사
이즈 조정할 때, 보통은 PC에서 포토샵, 그림판 등의 프로그램을 이용
해 크기 및 확장자를 변경한다.

'이미지 사이즈' 어플만 있으면 휴대폰으로 바로 사진 찍고 크기 조정은 물론 png 파일로의 저장도 가능하다.

'이미지 사이즈' 앱을 열어 준다.

① 휴대폰 갤러리에서 보관 중인 사진을 불러온다.

② 상단 카메라 모양으로 직접 사진을 찍을 수도 있다.

③ 너비와 높이를 원하는 크기 제페토 아이템 최대 512*512px로 조정한다. 사진을 좌우 움직여 위치를 조정할 수 있다.

④ 사진 저장 시 png로 저장된다.

'이미지 사이즈' 앱으로 사진을 찍으면 png로 갤러리에 저장된다.

이미지 사이즈 앱에서 편집을 마친 후 이제 제페토에서 아이템 만들기를 시작한다.

① 상단 오른쪽 톱니 모양 설정을 클릭

② 크리에이터 되기 클릭

한 벌 의상의 한복을 선택하고 편집을 클릭한다. 편집에서 업로드를 하는데 '이미지 사이즈' 어플을 이용해서 사진을 찍고 보관해 놓은 이미지를 선택하여 업로드 한다.

업로드 할 이미지/동영상 중 이미지(png)를 클릭한다. '이미지 사이즈' 어플로 찍은 사진을 선택 업로드와 동시에 캐릭터가 입은 모습으로 미리 보기가 가능하다.

기하학적인 패턴 무

늬와 한글의 아름다움이 한복에 잘 표현이 되
었다. 사진을 변경하고 싶으면 편집을 클릭하고
다시 이미지를 업로드하면 된다. 아이템의 이
름, 태그, 가격 등을 설정하고 저장 및 제출하기
를 한다.

　손글씨로 쓴 훈민정음 한복의 우리 옷 제출을
하고 심사를 기다리면 주말과 휴일을 제외하고
최대 2주 정도 소요되는데 빠르면 3~4일 이내 승인 출시도 가능하다.
　디자인 똥손도, 프로그램을 잘 사용하지 못해도 '이미지 사이즈' 어플
로 사진을 찍고 템블릿에 업로드하여 아이템을 만들어 크리에이터가
될 수 있다.

4. 아이템 만들기 휴대폰 어플 : 이비스 페인트(ip)

　그림을 그리고 싶다는 마음에 어플도 찾아보고 유튜브를 보면서
그리기를 시작했다. 친구를 만나 공원에서 즐기는 일상의 소소한 날들
을 사진 찍고, 찍은 사진을 드로잉하며 다시 그려보는 것을 좋아했다.
드로잉에 대한 관심은 이모티콘을 만들어서 네이버 OGQ에 등록 판
매하는 것으로도 이어졌다. 이제는 메타버스 탑승으로 제페토 아이템
크리에이터가 되어 패션 아이템을 만들어 판매하기도 한다.

무료 어플 이비스페인트로 이모티콘, 캐릭터, 라인 드로잉 등의 사용이 편리하고 휴대폰으로 쉽게 사용할 수 있으므로 여기서도 소개한다.

'이비스 페인트' 어플을 열고 화면의 나의 갤러리를 누른다. 화면 하단의 +(더하기 버튼)를 클릭해서 새 캔버스 설정에 제페토 아이템 만들기의 최대 크기를 512*512px로 준비한다.

하늘이 유난히 예쁜 날 찍은 사진을 불러오기로 레이어를 추가한다.

제페토 아이템의 템플릿 보다 위에 레이아웃을 올려놓고, 불투명을
조절해 하늘의 예쁜 구름의 위치를 원하는 위치로 이동한다.

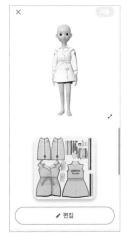

• 템플릿의 크기에 맞게 편집된 이미지를 저장해서 제페토에서 업로드 한다.

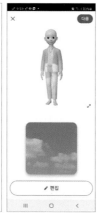

5. 아이템 만들기 PC : 포토샵[28]

포토샵을 할 수 있다면 제페토 아이템 만들기에 대한 긴 설명은 필요하지 않다. 포토샵 메뉴에 대한 설명도 필요하지 않고, 다만 제페토 아이템에서 템플릿을 다운받아 PSD 파일로 작업해서 업로드 하면 간단하다.

---

28 PhotoShop:미국 어도비 시스템스사에서 개발한 2차원 컴퓨터 그래픽 프로그램. 원래 매킨토시 컴퓨터에서 영상 합성, 색상 분해, 컬러 그림 그리기 등에 사용하던 전문가용 소프트웨어였으나 이후 IBM PC를 위한 윈도용도 출하되었다. 컴퓨터 그래픽 작업에 가장 기본이 되는 프로그램으로 널리 쓰이고 있다. [네이버 지식백과] 포토샵 [PhotoShop] (IT용어사전, 한국정보통신기술협회)

• 템플릿 다운로드 한다.

다운로드한 템플릿은 3가지 파일이 있다.

맥을 사용하는 경우는 _MACOSX 폴더의 PSD를 사용하고, 윈도우

를 사용하는 경우는 맨 오른쪽 CR-TOP_12_col.psd 사용하여 아이

템을 만들 수 있다.

어도비 프로그램 다운로드
https://www.adobe.com/kr/downloads.html
(일주일 무료 체험이 가능하며 그 이후로는 유료 전환됩니다.)

· 포토샵에서 PSD 파일을 연다.

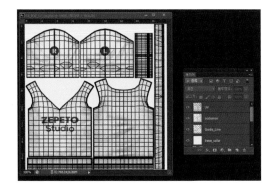

포토샵을 사용하시는 분들은 레이어에 대해 아시죠?

처음 접하시는 분들은 레이어가 뭐고 레이어의 선택에 대해 당황할 수 있는데, 레이어는 이미지가 있는 순서로 맨 밑에 있는 것부터 위로 차곡차곡 쌓아 올린 것이라고 생각하면 된다. 결국 맨 위에 있는 것이 우리 눈에 보이는 것이다. 포토샵을 잘 하지 못해도 아래 순서대로 레이어의 위치에 따라 디자인할 패턴의 레이어를 꾸며주면 된다.

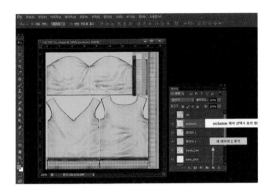

- 오른쪽 아래의 화살표 새 레이어를 클릭해서 새 레이어 1을 추가하여 작업한다.

- 레이어 1에 브러시 또는 페인트통으로 색칠 또는 패턴을 넣어 그림을 그린다.

  또는 미리 준비한 이미지가 있으면 불러오기를 해서 레이어를 추가하면 된다. 옷의 색상을 변경하며 아이템을 다양하게 만들어 볼수 있다.

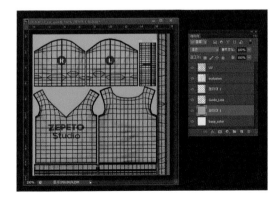

포토샵 이미지 작업 시 레이어의 순서에 따라 저장되는 이미지가 달라질 수 있다. 또한 UV 레이어의 눈은 꺼진 상태로 [파일] > [다른 이름으로 저장] 시 png로 저장한다. 제페토 스튜디오로 와서 png로 저장된 파일을 드래그 앤 드롭 또는 업로드 하기를 클릭하고 준비된 이미지를 선택해 올려준다.

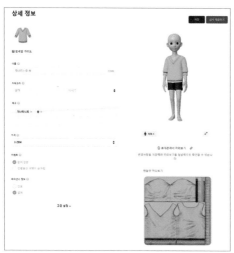

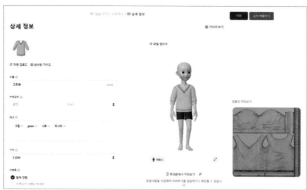

업로드 후 캐릭터를 좌, 우 드래그하면 360도 회전하면서 미리 보기가 가능하다. 업로드 후 썸네일도 자동 생성되며, 상세 정보에 아이템의 이름과 가격, 태그 등을 입력하고 오른쪽 위의 [저장] 또는 [심사 제출하기]를 누른다. 제출하면 심사 가이드라인 확인 알림창에서 확인 체크 후 활성화 된 [심사 제출하기] 버튼을 누른다.

심사 기간은 빠르게는 약 3~4일 이내 또는 주말과 휴일을 제외하고 최대 2주 정도가 소요된다. 아이템이 이미 존재하거나 브랜드 카피 등 문제의 소지가 있는 아이템은 심사가 거절될 수도 있다. 휴대폰에 제페토 앱이 설치되었으면 승인 시 앱으로 알림을 받을 수 있다.

간혹 직접 디자인해서 등록 제출한 아이템이 승인 거부되는 경우가 있다.

전에 승인 거절된 아이템이 있어서 [프로모션 콘텐츠]란에 본인이 저작권자임을 알 수 있는 파일과 설명을 첨부해 다시 심사 제출했었다. 처음에는 저작권 침해라는 이유로 거부된 아이템이 다시 심사 제출했을 때는 광고성 콘텐츠라는 이유로 거부가 되었다.

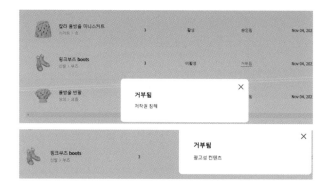

이처럼 아직은 심사 거부에 대한 기준이 명확하지 않다고 생각한다. 안 되는 것에 너무 신경 쓰지 말고 잘되는 일에 신경쓰자.

매일 새롭게 디자인한 아이템들을 임시저장으로 보관하고 있으니,

심사 승인이 나는 즉시 바로 새로운 아이템 심사 제출을 이어가면 된다. 잘 해서 하는 것보다 할 수 있는 일을 찾는다. 못하는 것 말고 하고 싶고 할 수 있는 것들에 집중하는 것이 자신을 행복하게 하는 것이다.

누구나 가능한 제페토 아이템 만들기로 제페토 세상에 나만의 멋진 디자인 상품이 출시된다. 제페토 스튜디오에는 아이템 제작 가이드가 제공되고 있으니 이제 제페토 세상 크리에이터 되기에 도전해 보자.

: 4장
꼼지락덕후 또 뭐해?

　<오늘 있는 그대로 행복해(2018)> 첫 책을 출간하고, 많은 사람이 책에 관심을 가지며 책을 쓰고 싶어하는 분들이 있다는 것을 알았다. '두 번째 책은 쓰고 있냐?'는 질문에 손사래 쳤던 내가 지금 글을 쓰며 책을 준비하는 이유가 있다.

　나도 책 쓰고 싶어!

　나도 할 이야기가 많아!

　딱 여기까지이다.

　이렇게 생각하고 생각을 이야기해도 행동으로 이어지지 않아 여전히 마음으로만 책을 쓰면서 머물러 있다. 글을 쓴다는 것은 잘 써서 글을 쓰는 게 아니라, 한 문장 한 문장 쓰다 보니 글이 되는 것이다. 책을 쓸 생각이라면 지금부터 열심히 글쓰기부터 시작해야 한다.

내 경우는 블로그에 글을 올리면서 책을 쓰게 되었으니 블로그 글쓰기도 추천한다. 블로그에 일상의 글을 남기다 보면 책이 되는 그날에 더 빠르게 도달할 수 있다. 경험, 추억, 재능의 저장고에서 하나씩 꺼내어 글을 쓰고, 저장고에 쌓여있는 것이 많지 않다면 지금부터 쌓으며 글쓰기를 시작하자. 책을 읽고 리뷰를 남기는 것도 생각을 정리할 수 있는 기회가 되므로, 자신의 글 창고에 글이 쌓이면서 글 쓰는 즐거움을 알게 될 것이다.

'오늘도 있는 그대로 행복한 날'
내가 진짜 하고 싶은 일을 꿈꾸며
하는 그날을 준비하자!

으른이 된다는 것이 무척이나 기대된다. 새로운 것에 두려움이나 망설임이 없다. 삶을 하루라도 먼저 살아서 터득하고 배운 경험을 나눌 수 있고, 자신만을 생각하지 않고 '우리', '함께'를 생각할 수 있기를 바란다. 요즘은 배우고 싶었던 것들을 망설이지 않고 배울 수 있는, 배운 것은 나누면서 성장하는 멋진 으른이 되려고 한다.

211

나이가 들어 다른 사람들을 위해 베푸는 것은 아무리 하찮은 일이라도 의미가 있다.

의미 있는 노년을 꿈꾼다면 받아야 할 것들을 챙기기 전에 무엇을 해줄 수 있을까를 고민해야 한다.

- <나는 죽을 때까지 재미있게 살고 싶다> 이근후 저자 -

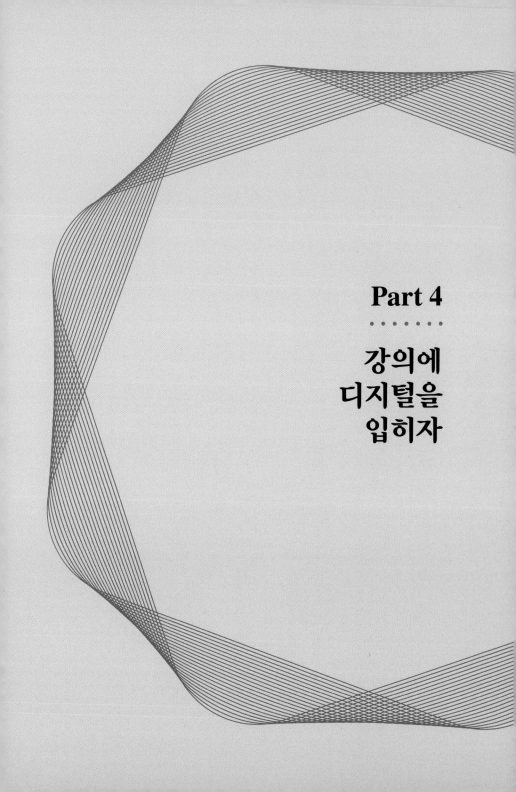

Part 4
·········

강의에
디지털을
입히자

"비대면 시대, 피할 수 없다면 즐겨라! 디지털 강의 소통법"

코로나19 팬데믹 이전과 이후로 나뉘게 될 우리의 삶은 대면 중심에서 온라인 화상 플랫폼을 활용하는 온라인 소통 방식으로 우리의 일상이 자연스럽게 변화되어가고 있다.

전국의 다양한 교육 기관에서 대면방식으로 강의와 코칭을 진행해온 나는 코로나19로 교육 현장의 변화를 경험하면서 디지털 공간으로 이동해 가는 과정을 진솔하고 담백하게 담아냈다. 또한 메타버스 시대를 대비하는 강사의 마인드와 온라인 강의에 디지털을 입혀서 적용한 사례를 있는 그대로 기술하고자 하였다.

슬기로운 코로나 극복 필살기로 대면 중심의 강의를 해오던 방식을 고집하지 않고, 비대면 시대에 맞춘 전환에 따라 디지털에서 활용되는 다양한 온라인 화상 플랫폼과 디지털 도구들을 배우면서 온라인 강의에 접목하여 꾸준한 강의로 이어질 수 있었던 기본정보들과 핵심 노하우를 이 책에 담았다.

사회적 거리두기가 완화되고 일상으로의 복귀가 이루어지고 있는 시점에서 여전히 비대면 강의의 수요는 줄어들지 않고 있다. 이러한 변화에 대응하는 슬기로운 프리랜서 강사들의 온, 오프라인 강의력을 강화하고 퍼스널 브랜딩을 위해 고민하시는 분들에게 이 책이 도움이 되길 바란다.

:1장
새로운 현실 앞에 서다

1. 긍정 마스터, 코로나 때문에 그리고 덕분에

2022년을 맞이하면서 강의 경력 22년 차로 접어든다. 십년이면 강산도 변한다는 속담처럼 이십 년이라는 시간은 짧지 않은 시간이었고 강의 현장의 모습도 많이 바뀌었다. 이러한 변화의 흐름에 따라 적응해 왔고, 코로나19 이전도 포스트 코로나로 접어든 현재도, 변함없이 강의 현장에서 뛰고 있다.

덕업일치德業一治란, 좋아하는 일을 직업으로 삼는다는 의미로 덕후들의 꿈이라고 한다. 물론 덕업일치가 꼭 행복한 것이라고 모두가 동의할지는 모르겠지만 나는 현재 덕업일치의 일을 하고 있다고 말할 수 있다. 좋아하는 일을 하기 위해, 좀 더 정확한 표현을 빌리자면 좋아하는 일을 찾기 위해서 꾸준한 공부와 자기계발, 때론 실패의 경험을 통해 좋아하고 잘할 수 있는 일을 찾고자 노력해 왔다.

현장에서 다양한 학습자들과 소통하며 강의를 해 왔는데 그동안 한 번도 경험해 보지 못한 일을 코로나19 팬데믹으로 인해 직면하게 되었다. 전 세계를 공포로 떨게 만든 코로나19는 강의를 업業으로 해온 강사들을 포함한 전 세계 인류를 하루아침에 모든 것을 멈추게 했다. 위기를 맞았다. 강의를 못 하게 되는 현실 앞에 꽁꽁 묶이게 되었고 이런 시간이 일주일, 한 달 이상 지속되자 어떻게든 이 상황을 극복해야겠다고 생각하게 되었다.

매일매일 강의를 하며 촘촘히 짜인 계획대로 강의하는 일상이 얼마나 감사한 일상이었는지를 뼈저리게 느꼈다. '그냥 지나가는 것이겠지', '금방 끝이 나겠지'라고 생각했던 날들이 속절없이 흘러만 갔다.

어느 날 사회적 관계망SNS을 통해 지인분들이 온라인으로 강의를 시작하고 있다는 소식을 접하게 되었다. 구글 미트, 줌, 웹 엑스 등등 다양한 온라인 화상강의 이름들이 회자되기 시작하더니 비대면 강의를 시작하는 지인들이 늘어나기 시작했다.

이십 년 넘게 현장에서 강의하고 있었고 진로와 직업 강의에서는 다양한 미래사회로의 진입과 변화에 대해 적응해야 한다고 언급했었는데 이번 기회에 나도 적극적으로 변화에 대응해야 했다.

온라인 강의는 관심이 많은 디지털 분야이긴 했으나 어느 정도 나이도 있고 나와는 관계가 먼 영역이라고 생각했다. 유튜브 채널을 통해 강의하는 분들은 뭔가 전문적인 장비와 콘텐츠를 갖추고 진행하고 있는 영역이라고 생각하고 있었다. 그러나 코로나 팬데믹을 직접 겪으면서 강의에 디지털을 입히는 방식의 교육으로 입문해야 한다는 것을 실감하고 적응하기 위해 노력해야겠다는 생각을 심각하게 고민했다. 그러나 실천으로 옮긴다는 것은 생각만큼 쉽지는 않았다. 왜냐면 생소한 분야에 뛰어든다는 것은 어쩌면 모험이기도 하기에 '모' 아니면 '도'라는 생각이 강하게 나를 지배했기 때문이다. 하지만 이러한 생각은 개인의 성장에 있어 도움이 되지 못하는 생각이란 걸 누구보다도 잘 알고 있기에 두렵고 부끄러울 수도 있지만 '배움에 한계와 핑계는 없다'라는 평소의 소신대로 배워보기로 마음먹었다.

2. 긍정 마스터, 배우는 전문가

다행히도 이러한 마음의 다짐을 하고 나니 여기저기에서 좋은 강좌들이 있다는 정보를 입수하게 되었고 여성 1인 기업가들을 위한 온라인 강의법 등이 무료로 개설된다는 소식들이 전해지기 시작했다. 역시 아무것도 하지 않으면 아무 일도 일어나지 않듯 무엇인가를 하기 위해 움직이고 노력하는 일에는 반드시 우연처럼 계획되는 일들이 펼쳐진다는 기적을 또 한 번 경험하게 되었다.

fig.4-1 2020년 코로나 직후 여성1인 전문강사 역량강화 연수

　막상 온라인 교수법 과정 연수에 참여해 보니 나와 같은 1인 기업가로 강의를 하는 강사님들이 대다수였다. 어쩌면 동병상련의 고민을 하고 참여했기에 탁월한 집단지성의 힘을 발휘하고 서로의 의견을 개진해 가면서 다양한 온라인 방법들을 배우기 시작했다. 처음 만난 사이여도 같은 가치와 목표를 향해 일하는 동지여서 그런지 교육받는 내내 아낌없이 나누려고 하는 마음들이 느껴졌다.

　이 연수 과정에서 나는 특유의 기지를 발휘하면서 다른 분들에게 방법을 가르치는 일을 하게 되었다. 즉 줄탁동시啐啄同時와 같이 배우면서 타인을 가르치는 학습을 병행하면서 효율적인 방법으로 온라인 교수법을 구축해 가기 시작했다.

　연수 과정을 수료하는 것으로 그치는 것이 아니라, 저녁이 되면 가족과 친척 조카들을 온라인 화상회의로 모이게 해서 연수 과정에서 배운 것을 직접 시연해 보는 연습 시간을 가졌다. 처음부터 잘할 수는 없지만, 가족들에게 협조를 구하고 매일 저녁 가족들과 온라인으로 모였다. 나 자신에게는 배운 것을 직접 시연해 보는 시간이었고, 가족들과는 친목의 시간이 되었다. 코로나로 접촉이 제한되는 시점에서 가족은 물론 조카들까지 온라인으로 결속이 되고 응집되는 놀라운 경험을 하게 되었다. 그래서 주변의 지인들에게 다양한 방법으로 이 소식을 전하고 직접 온라인 회의를 통해 강의할 수 있는 환경을 안내해 드리기 시작했다. 처음에는 낯설고 귀찮아서 시도조차 하지 않겠다던 지인분들도 지속적인 제안과 사례들을 공유해 드리니 자극이 되었는지 한, 두 분씩 온라인 강의에 관심을 두기 시작했다.

또한 내가 온라인 강의를 시작하는데 있어서 가장 많은 도움을 주신 분이 계신데 홍영일 박사님이다. 홍 박사님은 현재 서울대학교 행복연구센터 교육 팀장님이시고 원격교육 관련하여 대한민국 최고 전문가라고 말할 수 있다. 고강도 코로나19 거리두기가 전면적으로 실시되자 매주 토요일 저녁 비대면 줌zoom을 활용하여 대한민국 교사, 강사들을 위해 비대면 교육 방법을 상세하고 친절하게 알려주셨다. 정말 뜨거운 열기로 토요일 저녁 전국에 계신 2백여 명의 분들과 함께 한 시간이었다. 덕분에 비대면 강의를 용기 있게 시작할 수 있는 계기가 되었기에 홍영일 박사님께 감사함을 전하고 싶다.

행복줌살롱에서 실시간 메타버스 활용 수업 참여

 이러한 시간이 늘어나면서 차츰차츰 온라인 강의에 활용할 수 있는 여러 디지털 도구들을 찾고 접목하고, 다양한 시도를 하면서 자신감이 붙기 시작했다. 이 무렵부터 온라인 강의를 시작할 수 있는 디지털 힘, 즉 디지털 파워 에너지를 갖게 되었다. 이런 자신감은 어디서 나오는지는 모르겠지만 다년간의 현장 경험이 나를 뒷받침하고 있기에 나 자신을 믿고 온라인 강의에 자신 있게 도전하게 되었다. 자신감도 온라인 강의를 두려움 없이 시작하는 데 도움이 되었지만, 가장 큰 원동력은 꾸준한 연습과 노력이 실제 강의에서 시행착오를 줄어들게 만든 숨은 공신이었다.

 디지털 교육과 관련한 공부를 하면서 깨닫게 되는 놀라운 사실은 내가 사는 오프라인의 세상이 이미 온라인 세상으로 넘어가고 있다는 사실이며, 벌써 누군가는 온라인 디지털 세상을 점령해서 몇 배, 몇십 배의 성장과 성과를 보인다는 것이다. 엄청난 초격차를 보일 것이다. 그러나 부러워하기보다는 그 과정을 자신의 것으로 만들어가면서 재미와 의미와 몰입의 경험을 하는 것이 중요하다고 본다. 그래서 배우는 전문가인 내가 좋다.

"나무를 베는 데 6시간을 준다면 4시간은 도끼날을 가는 데 쓸 것이다"라고 링컨이 말했다. 이 말이 의미하는 것은 무엇인지 곰곰이 생각하며, 배우는데 진심과 열정을 다해 자신만의 결을 잃지 않고 함께 디지털 세상 속으로 걸어가자. 뚜벅뚜벅

: 2장
디지털 도구로 새로고침

　온라인 강의를 위한 도구들이 정말 많은데 가장 중요한 것은 아무리 좋은 디지털 도구를 사용한다고 해도 강의에 참여하는 학습자와 소통이 되지 않으면 아무 소용이 없다. 그래서 온라인 강의 도구는 실제적인 강의에서 학습자들과 직접 소통하면서 개별적으로 소외감이 들지 않도록 설계하는 것이 가장 중요하기에 강사들은 반드시 이 점을 간과해서는 안 된다. 온라인 도구를 현란하게 사용하는 것이 중요한 것이 아닌 '학습자 중심'의 강의 설계와 도구 사용이 중요하다.

　예를 든다면 강사의 관점이 아닌 참여자 즉 학습자 중심의 관점으로 강의 설계하는 것이 가장 중요하다. 여기서 주의할 점은 강사 본인이 잘 사용하지 못하는 온라인 도구는 절대 사용하지 않는 것을 권한다. 이유는 요즘 학습자 중에는 다양한 디지털 실력과 능력을 갖추고 있는 학습자분들이 많기에 섣불리 아는 척하고 강의하다가는 좋지 않은 피드백을 받을 수 있기 때문이다. 자신의 강의 실력이 절대적으로 '최고'라고 과대평가하지 말아야 한다. 겸손함은 강사에게 있어서는 최고로 갖추어야 할 태도라고 생각한다. 주변에 좋은 동료들과 함께 끊임없이 배우기를 권한다. '배워서 남을 주자'는 말처럼 '배우는 전문가'들이 되기를 바란다. 배우는 전문가는 내가 가장 좋아하는 말로써 평생학습, 평생 배움을 실천하고자 한다.

강사에게 가장 중요한 역량을 뽑으라고 한다면 첫째도, 둘째도 강의력이다. 더욱이 코로나 이후엔 온라인 강의와 오프라인 강의를 잘하는 방법을 익히고 적용하는 것도 중요한 부분이 되었다. 그러나 온라인이나 오프라인 강의를 망치는 법을 피해 가는 방법도 강사에게는 필요하다. 특히 온라인 강의를 실시간 진행할 때 이런 경우의 뉘앙스를 학습자들이 느끼게 하면 안 되는 경우인데 "코로나19로 인해 어쩔 수 없는 상황이라 온라인으로 강의를 진행하게 되었다.", "오프라인으로 강의 현장에서 직접 만나지 못해 아쉽다." 등의 말이다. 이런 말은 되도록 강의를 진행하는 강사는 언급하지 않았으면 좋겠다. 학습자들도 알고 있는 내용을 강의 시작 전에 언급해서 강의에 대한 학습자들의 기대감을 감소시키는 일은 불필요하다고 생각한다. 강사는 학습자들 앞에 선 이상, 강사 자신이 '최고의 전문가'라는 자존감을 가지고, 바쁜 시간을 쪼개서 강의에 참석한 학습자들에게 준비한 것을 진심과 열정을 다해 노력하는 태도가 필요하다.

다음은 교육에 디지털을 입힌 사례를 온라인 도구와 관련하여 강의를 구축한 내용을 설명하고자 한다.

1. 줌

줌 비디오 커뮤니케이션Zoom Video Communications 또는 줄여서 줌 Zoom 은 화상회의 서비스를 제공해주는 미국의 기업으로 화상회의, 온라인 회의, 모바일 협업, 채팅을 하나로 합친 '원격 회의 서비스'를 제공하고 있다. 2019년 12월 이후 코로나19 확산으로 온라인 개학을 한 학생들이 늘어남에 따라 이용자가 급증했다. 타의 추종을 허락하지 않을 정도의 사용성을 가지고 있으며 모든 장치에서 손쉽게 시작해서 참가 및 공동 작업을 수행할 수 있는 회의 기능을 제공함으로 빠르게 적용할 수 있고 참여할 수 있다.[29]

다양한 온라인 화상회의를 사용해 본 경험상, 나는 줌 화상회의가 온라인 강의를 실시간으로 진행하는 데 있어 가장 적합하다고 생각한다. 줌의 다양한 기능들이 있는데 자신의 강의를 접목하는 데 있어서 어떤

---

29 위키백과 '줌 화상회의 플랫폼'의 설명 인용, 줌 홈페이지 (zoom.us)

기능이 있는지, 어떤 기능을 접목하면 좋은지를 스스로 판단하고 선택하면 된다. 내가 줌을 사용하면서 가장 편리하다고 느끼는 점은 온라인으로 강의를 하고 있으면서도 오프라인에서 강의를 함께 하는 것처럼 느낄 수 있는 다양한 온라인 도구를 협업하는 기능들이 탁월하다는 점이다.

일단 화면공유를 하면 다양한 ppt 슬라이드의 애니메이션 기능들이 그대로 작동이 되고 주석기능을 통해 학습자들의 참여를 유도하면서 다양한 프로그램 기법을 적용할 수 있다는 점이다. 또한 비디오 추천 기능을 잘 활용하면 강사 중심의 일방적인 수업이 아닌 학습자들에게 주도권을 주듯 비디오 추천기능을 사용하여 강사와 학습자가 함께 진행하는 식의 방법을 사용하는 것으로 실시간 수업의 묘미를 줄 수 있다. 그리고 팀별 프로그램이나 밀도 있는 심화학습을 진행하기 위해 소회의실 기능을 활용하여 소그룹 활동을 적극적으로 할 수 있다.

fig.4-3 실시간 강의 시 주석을 활용하여 학습자들과 소통하는 수업

227

소회의실 기능을 활용해서 일대일 심층 대화나 집단상담, 코칭도 가능한 것도 매우 좋은 기능이다. 비디오 녹화 기능이 가능하여 개인적인 사정으로 수업에 결석하거나 중요한 부분을 다시 듣고 싶을 때 녹화를 하여 공유함으로써 수업 리뷰가 가능한 점도 매우 좋은 장점이다. 여러 다양한 고급 기능들이 많이 있기에 강사의 역량이 가능한 다양한 협업 도구와 함께 실시할 때 많은 도움을 얻을 수 있는 줌 화상회의다. 다른 여러 화상회의 기능들도 각각의 기호에 따라 사용하는 것도 추천해 본다.

fig.4-4 실시간 강의 시 비디오 추천기능을 활용하여 학습자들과 소통하는 수업

fig.4-5 실시간 ZOOM 강의로 학습자들과 즐겁게 강의하는 모습

실시간 유튜브 송출을 통해 학습자들과 온라인 강의하는 모습

fig.4-7 실시간 강의로 학습자들과 즐겁게 강의하는 모습

fig.4-8 실시간 ZOOM 강의로 학부모님들과 즐겁게 강의하는 모습

2. 패들렛

패들렛(구 Wallwisher)은 샌프란시스코, 캘리포니아 및 싱가포르를 거점으로 한 교육공학 스타트업 컴퍼니이다. 패들렛은 사용자가 '패들렛'이라는 가상 게시판을 활용하게 된다. 콘텐츠를 업로드, 구성 및 공유할 수 있도록 실시간 협업 웹 플랫폼을 호스팅하는 방식으로 클라우드 기반 서비스형 소프트웨어를 제공해준다. 2008년 시작으로 2012년 스타트업 액셀러레이터인 Start-Up Chile의 자금으로 통합된 후 2018년 회사에서는 무료 서비스에서 유료 서비스 모델로의 갑작스러운 전환에 대해 비판을 받기도 했다.

코로나19가 유행하는 기간에 패들렛은 전 세계적으로 원격 학습으로 이용해 사용자가 증가했다. 2021년 4월 기준, 전 세계 인터넷에서 패들렛은 상위 150개 사이트 내에 순위에 올라 있으며 325만 명이 넘는 예상 일일 방문자가 사이트를 방문하고 있다고 한다. 패들렛은 인터페이스 디자인에서 직관성, 접근성 및 협업의 중요성을 강조했다. 패들렛은 교사들 사이에서 널리 사용된다. 교육적 도구로서의 사용은 교육 기술과 컴퓨터에 관련한 컴퓨터 기계 협회 학회 및 기술을 통한 교육 혁신에 대한 전기 전자 기술자 협회 국제회의를 비롯하여 다양한 학술 저널 및 회의에서 연구되었다.[30]

---

30 위키백과 '패들렛'의 설명 인용, 패들렛 홈페이지(ko.padlet.com)

패들렛은 온라인 수업을 진행할 때 정말 유용한 기능이다. 실시간 강의를 진행할 때 활동지나 워크북 제공이 어려운 상황에서 패들렛을 학습자들에게 제공해줌으로써 다양한 활동을 탑재할 수 있는 기능들이 바로 패들렛이다. 일단 패들렛에 가입을 하고 기능들을 익히면서 각 강의 영역에 따른 패들렛 종류를 잘 선택해서 사용하는 것이 팁이다. 그러기 위해서 다양한 기능들을 먼저 탐색하고 강의에 접목해서 가장 최적화된 종류를 선택하는 것이 우선이 된다. 그 이후 패들렛 기능에서도 다양한 방법들을 학습자들과 적절하게 공유하면서 강의의 내용을 업데이트하면 된다.

　강의 후 모든 결과물을 하나의 파일로 만들기가 가능하여 강의 기관 담당자들에게 공유해 주면 온라인 강의도 다양한 방식이 결과물 구현이 가능하다는 것에 매우 만족할 것이다. 나는 이 패들렛 후기 파일로 인해 각 기관 담당자들로부터 매우 만족한다는 평가를 받았기에 적극적으로 사용할 것을 추천한다. 그리고 패들렛 사용자들이 급증하다 보니 패들렛 자체적으로도 기능이 업데이트되어 아마도 더 좋은 기능들이 계속 쏟아지게 될 것이라고 본다. 처음에 사용이 어렵고 두렵겠지만 전혀 어렵지 않고 직관적으로 사용할 수 있는 최적의 기능 앱이다.

실시간 강의에 패들렛을 통한 소통 수업 활용

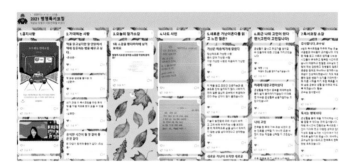

실시간 강의에 패들렛을 통한 소통 수업 활용

3. 잼보드

잼보드Jamboard는 한때 구글이 G 스위트라는 이름을 지닌 구글 워크스페이스의 일부로서 개발한 인터랙티브 화이트보드 시스템을 말한다. 2016년 10월 25일 공식적으로 발표되었다. 55인치 4K 터치스크린 디스플레이를 갖추고 있고, 무료 구글 문서 스위트를 통해 크로스 플랫폼 지원, 온라인 협업을 위한 호환성을 특징으로 한다. 전자칠판 처럼, 화이트보드처럼 이용하는데, 각종 기기와 구글 드라이브로 연동 되어 사용하기 좋다. 잼보드의 장점은 원활한 의사소통으로 팀 간의 의사소통이 잘 된다.

쉽게 글씨를 쓰고 그림, 도표를 첨부할 수 있고 도형을 대충 그려도 자동으로 완성된 도형이 제시됨으로 누구나 편리하게 사용할 수 있는 점이 가장 큰 장점이다.[31]

구글 드라이브로 연동되기 때문에 구글 프레젠테이션, 구글 문서, 구글 스프레드시트 등을 삽입할 수 있는 것이 장점이다.

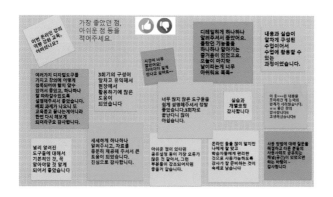

fig.4-11 온라인 강의 활용법 강의에 잼보드 활용

---

31 위키백과 '잼보드'의 설명 인용, 잼보드 홈페이지 (jamboard.google.com)

4. 미리캔버스

미리캔버스는 저작권 걱정 없는 무료 디자인 도구로 PPT, 로고, 배너, 카드 뉴스, 유튜브 썸네일 등 3분 만에 전문가 수준의 디자인을 만들어 주는 디자인 플랫폼이다.[32] 디지털 원주민인 MZ 세대인 학생들은 아주 탁월하게 사용하는 프로그램이다. 청소년 진로 교육에 미리캔버스 활용을 많이 사용했는데 예를 든다면 내가 가고 싶은 학과를 카드 뉴스로 만드는 활동, 미래사회에 생겨날 미래 직업, 신생 직업, 이색 직업 등을 미리캔버스를 활용해서 진행하는 강의를 수행했고, 군부대 장병들과 독서 코칭을 온라인으로 진행할 때도 책을 읽고 독후활동 진행할 때 미리캔버스를 활용하여 모방 시 짓기, 창작 시, 여행 계획 세우기 등을 개인별, 모둠별 활동을 진행했는데 깜짝 놀랄만한 작품들이 만들어지기도 했다.

이와 같은 온라인 도구를 사용하면서 좋은 점이 있다면 손재주가 없는 일명 '똥손'이라 불리는 학습자들에게는 매우 좋은 도구라는 점이다. 나 역시 고등학생 시절 미술 시간 같은 경우 그림 그리기 실기 시간에 작품을 잘 못 그려서 좋은 점수를 받지 못했던 경험들이 있기에 이와 같은 단점을 대체할 수 있다는 것이 매우 좋다. 열심히 탐색하고 아이디어를 만들어 내기만 한다면 누구나 잘 만들 수 있는 기능이 있기

---

32 위키백과 '미리캔버스'의 설명 인용, 미리캔버스 홈페이지 (miricanvas.com)

때문이다. 최근 2022년 5월 이후에는 미리캔버스도 사용방식에 따라 선택하는 합리적인 요금제로 다양한 방식의 변화가 생긴다는 소식이 전해지고 있다.

미리캔버스 활용한 표지 만들기 수업

미래 직업 만들기 진로 수업 1

미래 직업 만들기 진로 수업 2

미래 직업 만들기 진로 수업 3

fig.4-12 미리캔버스 활용한 학생들 수업 작품

5. 멘티미터

Mentimeter (줄여서 Menti)는 스톡홀름에 기반을 둔 스웨덴 회사로 실시간 피드백으로 프레젠테이션을 만드는 데 사용되는 이름과 같은 앱을 개발 및 유지 관리한다. 이 앱은 또한 학생이나 일반 회원이 익명으로 질문에 답변할 수 있도록 하는 교육 부문의 온라인 협업에 중점을 둔다.

이 앱을 사용하면 회의, 수업, 모임, 회의 및 기타 그룹 활동에서, 설문조사, 프레젠테이션 또는 브레인스토밍 세션을 통해 모바일에서 편리하게 실시간 피드백을 공유할 수 있다.[33] 실시간 강의를 진행하면서 참여 학습자들에게 질문에 대해 응답할 경우 무기명으로 답변할 수 있기에 솔직한 반응을 알 수 있고, 원하는 요구사항이 어떤 것인지를 명확하게 확인할 수 있어서 강사와 참여자에게 모두 도움이 되는 강의로 이끌 수 있었다.

---

33 위키백과 '멘티미터'의 설명 인용, 멘티미터 홈페이지 (mentimeter.com)

fig.4-13 멘티미터를 활용한 실시간 질문 응답 사례 1

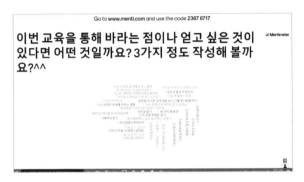

fig.4-14 멘티미터를 활용한 실시간 질문 응답 사례 2

fig.4-15 멘티미터를 활용한 실시간 질문 응답 사례 3

6. 캔바

Canva는 소셜 미디어 그래픽, 프레젠테이션, 문서, 포스터 및 기타 시각적 콘텐츠를 제작하는 데 사용되는 그래픽 디자인 플랫폼이다. 캔바 앱에는 사용자가 사용할 수 있는 템플릿이 다양하게 포함되어 있다. 이 플랫폼은 무료 서비스로 사용할 수 있으며 추가 기능을 위해 Canva Pro 및 Canva for Enterprise와 같은 유료 구독을 제공한다.[34]

fig.4-16 캔바 어플을 활용하여 만든 카드 뉴스

---

34   위키백과 '캔바'의 설명 인용, 캔바 홈페이지 (canva.com)

이상과 같이 온라인 강의를 위한 도구를 소개했는데 이 밖에도 다양한 온라인에서 활용 가능한 도구는 많이 있다. 중요한 것은 하나의 도구를 사용하더라도 강사 스스로가 강의에 잘 접목해서 학습자와 물리적인 거리감을 느끼지 않고 쌍방향의 소통을 하는 것처럼 하기 위해서는 적절한 온라인 도구의 선택과 더불어 강의주제에 맞게 수업을 디자인하는 것이 가장 중요하다. 왜냐하면 아무리 온라인 도구의 기능이 훌륭하고 좋더라고 인간이 가지고 있는 따뜻함과 훈훈함은 대신할 수 없기 때문이다. 이 글을 읽는 분들도 자신이 잘 사용하고 강의에 디지털 도구를 잘 입혀서 온라인 강의에서도 전문가로 새롭게 거듭나기를 응원한다.

마지막으로 이러한 온라인 도구를 사용하는 것이 학습자들에게는 재미있고 다양한 경험을 제공한다는 측면에서는 매우 유익한 부분이지만, 새로운 온라인 도구 매체를 강의에 사용하려면 반드시 사용 직전에 학습자들에 대한 안내가 먼저 제공되어야 한다. 사전 설명 없이 진행되면 학습자들을 당황하게 하거나 강의에 대한 몰입과 흥미에 역효과를 나타낼 수 있기 때문이다. 사용법을 설명한 후 적응할 수 있는 시간을 적절하게 고려해야 한다. 왜냐하면 강의를 원활하게 운영하기 위하여 학습자들이 도구에 익숙하게 만드는 방법이고, 실시간 강의에서 발생할 수 있을지도 모르는 기술적인 문제가 있는지를 점검하는 단계라는 것을 기억하자.

fig.4-17 학습 매니저 대상의 디지
털 역량 강화 교수법 강의

fig.4-18 생활 문해 강사 대상의
ZOOM 화상강의 교수법
강의

fig.4-19 생활 문해 강사 대상의 디지
털 역량 강화 교수법 강의

3장

슬기로운 디지털 코칭 노하우

변화의 바람이 여기저기서 분다. 특히 디지털 전환 변화 준비가 나라 안팎으로 빠르게 준비되고 있고, 디지털 교육은 이제 남녀노소 누구에게나 필요한 필수 영역이 되었다. 세상에 존재하는 모든 물체의 성질, 형상 등의 특징이 달라지는 것을 변화變化라고 말한다. 특징이 약해지거나 강해질 수도 있고, 새롭게 되는 것 또한 변화라고 한다. 이 변화가 모두에게 긍정적인 의미로 받아들여지진 않을 것이고 이 다양하고 빠른 변화의 물결 속에서 혜택을 받아서 잘 누리려면 적어도 두 가지 영역에서의 노력은 필요하다. 첫째는 빠르게 변화하는 환경에 잘 적응해야 하고, 둘째는 발달한 도구를 잘 활용해야 한다. 디지털 안에서는 이러한 변화에 어떻게 대응하고 활용하는가에 따라 디지털 커뮤니케이션을 하는데 필수적인 것이 될 것이다.

나도 디지털 유목민으로 다양한 도구의 활용보다는 강의하는 업에 활용할 수 있는 몇 가지 기능들을 오랜 시간 동안 사용하다 보니 익숙한 도구는 강의안을 직접 만들어 강의하는 데 불편함이 없다. 가끔 강의안 만들 때 잘 안 되거나 고급 버전을 활용하고 싶을 때는 아들 찬스를 써서 강의안을 제작하기도 했다. 이때마다 매번 아들에게 이런 말을 들었다. "정말 쉬운 기능인데, 엄마."라는 말이었다. 사실 아들에게는 쉬운 기능이라고 하더라도 나이 오십이 넘어 새로운 기능에 대한 사용은 솔직히 두려움이 있는 것이 사실이었다. 때론 핀잔을 듣기도 했다. 똑같은 작업을 여러 번 묻게 되니 아들로부터 돌아온 반응은 싸늘했다. 그래서 디지털 도구에 관심을 가져보기로 하고 시간이 될 때마다 조금씩 기능을 익히기도 했다. 아마도 우리 아이들을 초등학교 다닐 때 방과 후 활동으로 컴퓨터 활용 반과 자격증반에 두 아이를 보낸 것을 지금도 참 잘한 것 같다고 생각한다. 이제는 미래사회로의 진입을 기반으로 하는 데 있어서 필수 역량이 된 것이 바로 이 부분이라는 생각이 든다.

그렇다면 어떻게 하면 디지털 변화에 슬기롭게 소통하며 살아갈 수 있는가? 에 대한 질문에 몇 가지 대안을 제시해 보고자 한다.

1. 일단, 시작하라

디지털 사용 특성에 따른 세대 구분 기준을 보게 되면, 일반적으로 1979년 이전에 태어난 사람들을 X세대, 1980년대 이후 태어난 세대는 밀레니얼 세대인 Y 세대, 1995년 중반 이후부터 2000년대 중반까지 출생한 세대를 Z세대로 구분 지었다.

디지털에 익숙한 세대가 Y세대라면 Z세대는 X세대인 나보다는 디지털 사용에 익숙한 Y세대의 영향으로 IT에 대한 이해도 자체가 높다. 이는 유년 시절부터 인터넷 등의 디지털 환경에서 태어나고 자랐기에 '디지털 네이티브Didital Native(디지털 원주민)라고 불리는 이유이기도 하다. Z세대는 어릴 때부터 휴대용 디지털 기술과 인터넷에 근접하여 성장한 세대이다.

정리하자면 현재의 디지털 시대를 주도적으로 이끄는 세대는 밀레니얼 세대와 Z세대이고 이 두 세대를 합해서 MZ세대라고 지칭한다.

우리는 모두 디지털 시대를 살아가고 있고, 디지털 시대의 살아가는 방식에 있어서는 세대 구분을 뛰어넘어 유연성을 갖고 디지털에 익숙하지 않더라도 적극적인 자세로 배워서 적용하는 방식으로 바꿔야 한다. 나도 나라에서 지원하는 디지털 배움터 사업에 참여 신청을 하여 온라인상에서의 블로그 관리법, 구글 활용법 등을 배워 상당한 도움을 받았다. 꾸준히 노력한 결과 블로그로 이웃을 맺고 블로그 상위 노출도 하게 되었다. 바쁜데 뭘 그런 것까지 관리하고 신경을 쓸 필요가 있을까? 라는 생각이 나를 합리화하기도 하였지만, 이제 온라인은 꼭 필요한 소통의 매체라는 생각엔 변함이 없다. 매일매일 꾸준히 글을 올리고 관리하다 보니 조금씩 성장해 가고 있음을 발견한다.

2. 가르치라

fig.4-20 학습 효과 피라미드 / 출처 : National Training Laboratories, Bethel, Maine

4차 산업혁명이 가져온 교육 패러다임의 변화는 우리 주변 곳곳에서 다양하게 일어나고 있다. 앨빈 토플러는 '21세기 문맹은 읽고 쓰지 못하는 사람이 아니다. 배우고 배운 것을 일부러 잊고unlearn, 다시 배우는relearn 능력이 없는 사람일 것이다'라는 주장을 펼쳤듯이, 디지털 시대에 맞서는 새로운 학습을 배우기에 능동적으로 대처하자는 것이다. 학습 효과와 관련된 학습 효과 피라미드 그림을 보면 수동적인 학습 방법보다 참여적인 능동적이고 자기 주도적인 학습 방법이야말로 학습 효과가 크다는 것을 보여주고 있다.

'일단 시작하라'에서도 언급했듯이 디지털 교육을 받고 스스로 연습하면서 주변 지인들에게 그동안 배운 것을 동료나 가까운 지인들에게 지식을 공유하는 과정을 통해 훨씬 빠른 속도로 습득할 수 있다. 지식을 듣는 것으로 그치는 것이 아닌 직접 가르치고 실제로 설명하는 과정을 통해서 자신의 지식으로 얻을 수 있게 된다. 학습 효과 피라미드 그림과 일치하는 것임을 알 수 있다. 이에 필자와 비슷한 세대인 X세대들도 이러한 변화의 과정에 주도적인 역할을 할 수 있다는 자신감을 가질 수 있다.

3. 야! 나도 한다. 너도 하자

대면 강의 중심에서 코로나19로 강의의 전반적인 분야도 변화의 바람이 나타나고 있다. 디지털 전환의 시대적인 변화도 있기에 강사의 역할도 이제는 기존의 방식에서 벗어나 달라져야 한다. 코로나19가 시작한 2020년도 2월부터 부지런히 온라인 강의 도구를 접목하고자 다양한 세미나와 연수에 자발적으로 참여하면서 온라인 강의로의 전환으로 시작하게 되었다. 온라인 강의는 처음이었지만 지금은 당당한 자신감으로 새로운 강의의 지평을 열게 되었다.

더구나 그동안의 현장 강의 경험이 많이 있었기에 당황하거나 불안하지 않았던 것은 나의 큰 강점이라는 생각이 들었다. 가족들의 꾸준한 협업으로 인해 실제와 같은 리허설을 충분히 했던 것이 실전 온라인 강의에 많은 도움이 되었고, 강의 후에는 철저한 피드백을 거치면서 효율적인 온라인 강의모형을 구축할 수 있었다.

실제 온라인 강의를 진행하면서 학습자들과 강의 기관 담당자들의 호평들이 쏟아졌고 역시나 믿고 듣는 알찬 강의였다는 말을 들을 때 강사로서 보람과 뿌듯함을 매번 느낀다. 아마도 이러한 점이 내 일을 오랫동안 할 수 있게 만든 원동력이 되지 않았는가 하는 생각이 들게 한다. 감사한 일이다.

이처럼 나와 같은 동종 업계의 길을 걸어가고 있는, 아니면 걸어가고 싶은 분들이 있다면 온라인 강의 영역 구축도 반드시 고려해야 할 부분이다. 오프라인 강의에서 좋은 평가를 받았더라도 온라인 강의 특성과 도구 사용을 적절하게 활용하지 못하면 어쩌면 과거와는 상이相異한 평가를 받을 수 있기 때문이다. 강의에 적합한 온라인 도구로 강의를 설계하고 학습자 중심 강의로 구축될 때 나의 전문적인 강의로 자리매김할 수 있다. 온라인 강의에도 사람을 향한 따뜻함은 그대로 전달되기 때문이다.

4. 레벨업은 필수, 경험치는 노하우

슬기로운 디지털 코칭에서 마지막으로 강조하고 싶은 것은 경험치에 대한 부분이다.

경험치는 자신의 온라인 강의에 레벨업을 시키는 필수 요건이 된다. 나도 자연스러운 온라인 강의 구축을 위해 시간이 주어질 때마다 여러 채널을 통해 연습과 경험치를 쌓았듯이 자신의 강의를 구축하고 브랜드를 만들 때까지 레벨업을 시키는 트레이닝을 거쳐야 한다. 이것은 자신이 무료 강의를 개설해서 다양한 학습자들과의 강의를 통해 수련해 가는 방법도 있고, 학습공동체나 학습 스터디 조직이 있는 분이라면 동료들과 정기적인 스터디를 조직해서 서로의 강의를 통해 피드백을 수렴해 가면서 레벨업을 시키는 방법도 있다.

어떠한 방법으로든 자신이 스스로 하고자 하는 동기 부여가 가장 중요하다. 동료들과 가르치고 서로 배우는 경험학습을 통해서 소통하며 집단지성의 힘을 느낄 수 있을 것이며, 이와 더불어 노하우도 쌓이게 된다.

사회적 거리두기가 완화되고 있는 최근에는 대면 강의 요청이 늘어나고 있다. 신기하게도 비대면 강의에서 활용했던 멘티미터와 패들렛, 미리캔버스 등을 교실 수업에서도 활용하게 된다. 수업의 질적인 면에서도 상당히 효율적인 부분들이 많고 학생들도 좋아한다. 코로나로 인해 바뀐 교실 수업의 변화다.

'변화는 있어도 변함없는 변코치'의 디지털 전성시대~이제부터 시작이다.

5. 기버가 돼라

삶이든 일이든 해당 분야에서 최고의 위치와 성공을 한 분들은 선한 영향력을 전파하는 공통점이 있다는 것을 알 수 있다. 이웃을 위해 엄청난 돈을 기부하기도 하고 어려운 환경에 처해 있는 학생들을 무명으로 돕고 있는 분들도 있고 세상엔 좋은 분들이 많다고 생각한다. 물론 눈살을 찌푸리게 만드는 분들도 있지만 말이다.

최근 읽은 책 중에서 인상 깊었던 문장을 소개하고자 한다.

"주고 또 주게, 무언가를 얻으려고 하지 말고 무조건 베푸는 걸세.'

<기버1> 밥 버그, 존 데이비드 만 저자

<기버1>에 언급된 내용으로 어떻게 하면 원하는 것을 이루고 살 수 있는지에 대한 답변이다. 이 책 주인공 '조'는 성공하기 위해 열심히 앞만 보고 달려왔지만, 성공과는 점점 거리는 멀어지는 것을 느끼자 전설적인 인물로 평가받고 있는 회장을 찾아가서 묻고 가르침을 받는다

는 내용이다. 책에 등장하는 회장의 실제 모델은 밥 프록터로 최고의 동기 부여 컨설턴트이다.

그는 말한다. 주고, 주고, 또 주는 것이야말로 삶의 방식이고 성공 가능성이라고 말이다. 이렇게 지속해서 할 때 저절로 유익한 일, 즉 돈벌이가 되는 일이 생긴다. 보통의 사람들은 돈과 지위, 뛰어난 성과만이 영향력을 만든다고 생각하지만, 진정한 영향력이 있을 때 비로소 돈과 지위, 뛰어난 업적을 만들어내는 것이라고 주장하고 있다. 이 말은 타인의 이익을 우선시하면 영향력이 생긴다는 것을 뜻한다.

여러분의 생각은 어떠한지 궁금하다. 어떤 영향력을 나눌 수 있을지에 대해 고민하며 자신을 진실하게 들여다보며, 가장 가치 있다고 생각되는 것을 보여주고 나누면 된다.

나의 경우엔 존재를 향한 따뜻한 사랑의 에너지를 갖고 있기에 이러한 사랑 에너지가 필요한 사람에게 나누기 시작했다. 동종의 업※을 하고 있거나 준비하고 싶은 분들의 요청이 많다. 강의와 코칭 분야에서 일하고 싶은데 어떻게 준비하면 되는지, 강의를 어떻게 잘 할 수 있는지, 어떤 자격증을 준비해야 하는지, 주변의 협력자가 없는데 어떻게 돌파할 수 있을지, 대학원 진학을 하고 싶은데 나이가 걸림돌이 되는 것은 아닌지 등등. 수많은 질문에 대해 진심을 갖고 코칭을 해 주었다. 물론 나의 경험과 조언이 상대방에게 모두 적용될 수도 있지만 도움이 적을 수도 있다. 그렇지만 나를 만나서 도움을 받고 싶은 분들에게는 가능한 열정적인 마음을 다해 조언을 드렸다. 아마도 이러한 진심이 상대방에게 힘이 되고 긍정의 에너지로 전환되어 흘러가기를 간절히 응원하면서 진심을 다한다.

코로나19 기간에는 온라인 강의 관련 방법적인 강의 스킬 문의가 압도적으로 많이 있었고 이러한 어려움을 공감하기에 가능한 시간을 확보해서 알려주었다. 이러한 나눔이 내가 잘 할 수 있는 분야였기에 가능했고 이득을 따지지 않고 나누었다. 돌아보면 타인을 위해 나눈다고 생각했는데 실제로는 나에게 더 많은 성장이 부메랑처럼 돌아오는 것을 경험했다. 결국 자신이 나눌 수 있는 영역이 어떤 것이 있을지 찾아보는 시간을 가져봄으로써 내 안의 숨겨진 재능을 발견하는 기회가 될 수도 있다. 기버가 되자.

: 4장
디지털 시대의 소통전략

　4차 산업혁명이 2016년 1월 당시 스위스 다보스에서 열리며 세계경제 포럼을 통해 시작되었고 동시에 인공지능, 사물인터넷, 빅데이터, 무인 자동차 등의 첨단 정보통신기술이 경제·사회·문화 전반에 융합되면서 혁신적 변화가 시작되었다.

　4차 산업혁명으로 인한 기술의 발달은 놀라울 만큼 모든 사회를 초지 능, 초연결사회로 진입시켰다. 그러므로 현실세계와 가상세계의 연결, 사물과 인터넷의 연결 기능으로, 인간과 인간의 연결이 시공간의 한계 를 뛰어넘어 가속화될 것이다. 하지만 디지털 시대로의 진입과 더불어 순기능만 있는 것이 아니라 역기능적인 면들도 드러나고 있는데 이를 자세히 살펴보자.

1. 빛, 디지털과 손잡고

디지털 커뮤니케이션

시대가 빠르게 변화하고 디지털 전환으로 다양한 플랫폼이 진화하는 사이에 소통하는 방법도 달라지고 있다. 현대사회 남녀노소 대부분 스마트폰으로 하루를 시작하고 마무리를 할 정도로 우리에게는 이미 익숙해진 스마트폰은 이제는 없으면 안 되는 물건이 되었다. 스마트폰이 없으면 불안함을 느끼게 되는 사람들도 많아졌다. 나 또한 하루의 시작과 마무리를 스마트폰으로 하고 있다.

스마트폰 보급이 늘어나면서 온라인상에서의 소통은 점점 늘어나게 되었고 코로나19 상황에서는 대면 만남의 제약으로 온라인 소통은 더욱 발전하게 되었다. 나는 아침에 출근과 동시에 퇴근 때까지는 모든 업무와 전화 등을 내 손 안에서 스마트폰으로 업무를 보는 일이 많다. 그러다 보니 성능이 뛰어나고 저장공간이 많은 대용량 기가 핸드폰을 사용하고 있다. 물론 비싸고 성능이 우수한 스마트폰을 가지고 있어도 기능을 몰라 대부분 통화나 문자로만 활용한다면 효과성 대비 사용 효과는 떨어진다고 볼 수 있지만, 아마 대부분의 사용자는 자신들의 사용 유형에 따라 필요한 애플리케이션이나 기능들을 활용해서 효율적으로 사용하고 있을 것이기에 유익한 점들이 많다.

나도 대학원 박사 동기생들과 대학원에서 학업을 병행하고 있는데 동기생 중 MZ 세대 선생님은 노트북이나 스마트폰을 훨씬 다양한 방식과 방법으로 사용하는 것을 보고 깜짝 놀랄 때가 많다. 다양한 도구와 기능에 대해 사용자가 어떻게 활용하는지에 따라서 정말 차이가 많은 것도 현실이다. 디지털 도구를 잘 활용하면 시간 절약도 되고 스마트한 업무 처리도 가능하게 해주며 그야말로 생산성의 진보를 가져다준다.

ON 라인으로 만나요

코로나19 상황에 사람들은 대면으로 만나지 못하는 것을 극복하는 방법 중 디지털과 SNS를 활용한 챌린지가 급증하였고 여전히 유행을 이끌고 있다. 다양한 챌린지 모임을 주도해가는 인플루언서를 비롯한 일반 개인들도 상당이 증가하는 추세다.

새벽 기상, 새벽 운동, 만 보 걷기, 낭독, 글쓰기, 영어 원서 읽기, 성경 필사, 독서, 블로그 쓰기 등 다양한 루틴을 만들고 같은 주제의 공통점을 가진 사람들이 모여 오픈 채팅방을 통해 챌린지를 인증하는 방식의 모임도 가능하다. 혼자했다면 작심삼일로 중단될 수도 있지만, 단톡방 운영으로 함께 공유하는 사진과 글을 통해 서로 챌린지를 이어가는 힘을 만들어 가고 있다. 이러한 챌린지 열풍을 이끄는 데 있어 디지털의 힘은 매우 중요한 역할을 한다. 물론 SNS 인증이나 챌린지 열풍에 대한 시선을 곱지 않게 바라보는 분도 없진 않다. 하지만 언택트 시대에 사람과 사람을 연결하는데 있어서 디지털이 중심에 있다는 것은 분명한 사실이며 여기서 우리가 중요하게 여길 것은 언택트 시대 소통 또한 결국 '사람'에 있다는 발견이다. 따라서 디지털을 우리가 어떻게 바라보고 적용할지에 대해 근본적이고 현실적인 해결책들이 필요한 시기이다.

메타버스 세상

청소년들 진로교육 강의에서 메타버스라는 용어에 대해 질문하면 관심이 많거나 관심이 적은 쪽으로 구분되는 것을 알 수 있다. 그러나 그들은 이미 로블록스나 제페토와 같은 것을 능숙하게 사용하고 있다. 메타버스의 4가지 유형 중 거울 세계와 라이프로깅의 세상에서 살아가고 있다.

성인들은 메타버스를 배워서 익히려고 한다면, 청소년들은 이미 메타버스가 생활에서 익숙해졌기 때문에 배운다는 의미와는 조금 다른 차원이라고 볼 수 있다. 이들에게는 인공지능을 활용한 교육, SW 교육, 실시간 쌍방향 교육 등으로 다가가야 하며 이들에게 다가오는 미래사회에서는 어떠한 방식의 교육으로 접근해야 할지를 끊임없이 고민해야 한다.

중학교 1학년 자유학기제 수업을 하던 작년 인천의 00 중학교에서 학생들과 이프렌드를 활용한 메타버스 수업을 진행했는데 학생들이 신나게 수업에 참여하던 모습이 떠오른다.

메타버스 공간을 탐색하면서 대화하고 활동하며 즐겁게 수업하던 이

들을 위해 앞으로 메타버스는 MZ 세대 아이들이 교육을 통해 긍정적
이고 미래지향적인 교육에 관심과 참여할 수 있도록 다양한 방식을 통
해 접근해야 할 것이다.

2. 그림자

코로나19 이후 스마트폰 사용 실태

디지털 사용과 관련하여 빛이 있다면 그림자에 관해서도 이야기해보
자.

한국지능정보사회진흥원에서는 스마트폰과 인터넷 사용으로 인한
문제적 사용으로 정보화의 역기능에 대한 객관적인 현황을 파악하기
위하여 2004년부터 매년 조사하여 2020년이 17회차가 되고 있다. 이
내용은 2021년 3월에 보고된 2020 스마트폰 과의존 실태조사 보고서
를 참고하였음을 밝힌다.

2020년 실태보고서에 따르면 우리나라의 스마트폰 과의존 위험 현
황은 스마트폰 이용자 중 23.3%는 스마트폰 과의존 위험군으로 조사
[35]되었다. 스마트폰 과의존 위험군은 전년 대비 3.3% 증가하여 가장 큰
폭의 상승률을 보이기도 했다. 또한 유·아동층은 지속해서 높은 상승

---

35 4장 그림자 영역은 과학기술정보통신부와 한국지능정보사회진흥원 2020 스마트폰 과의존
    실태조사를 참고하였음.

폭을 유지하고 있고 청소년층은 전 연령대 중 가장 큰 폭으로 상승했고 성인과 중장년층인 60대층도 매년 상승세를 지속하고 있는 것으로 보고되었다.

이번 실태보고서는 코로나19 이후 콘텐츠 이용 변화에 대한 설문도 진행되었는데 코로나19 이전과 이후를 비교했을 시 이용량이 증가한 콘텐츠는 과의존 위험군에서는 TV, 영화, 동영상, 게임, 메신저, 상품/서비스 구매로 나타났고 일반 군은 영화, TV, 게임, 메신저, 상품/서비스 구매로 나타났다. 또한 코로나19 이후에 처음 사용해본 콘텐츠는 어떤 것이 있는지를 알아보았는데 청소년층 과의존 위험군은 필수 교육과 사설 교육을 처음 사용하였고, 성인 과의존 위험군은 화상회의와 원격근무를 하기 위해 처음 사용하였다고 했으며, 60대 층은 건강관리, 상품/서비스 구매, 판매 등을 위해 처음 사용하게 되었다고 조사되었다.

이상과 같은 결과를 통해 살펴보면 디지털 시대의 빛이 있다면 그림자의 영역으로 다양한 스마트폰과 관련한 부정적인 측면이 따라올 수밖에 없다. 이와 같은 스마트폰 사용의 과의존에 대한 심각성을 인식함으로써 스스로 그 위험성에 대해 노력을 해볼 수 있는지에 대한 의지가 중요하게 떠오르는 것도 최근의 현실이다.

디지털 사용의 장단점은 미래에는 동전의 양면과 같이 받아들여질 것인데 이러한 상황을 어떻게 대비하면 좋을지에 대한 구체적인 대안을 마련하는 것이 가장 시급하다. 그래서 자녀들의 스마트폰 사용에 대한 지도 활동에 대한 부모와 자녀 사이에 긴밀한 대화를 통해 가정 안에서 규칙적으로 사용될 수 있도록 대안을 만들거나 스마트폰 사용에 관한 교육이 정규 학교 교육 과정으로 진행될 수 있도록 함으로써 학생들이 강의 또는 상담 서비스를 통해 건강한 디지털이나 미디어 교육을 받아야 한다. 이러한 교육은 비단 학생들에게만 제공되는 것이 아니라 부모들도 함께 교육을 받을 수 있는 시스템으로 만들어진다면 부모 자녀 관계에 있어서 효율적인 방법이 될 것이다. 가정 내 협조를 이루어 가는 과정이 무엇보다 필요하다고 본다.

음식점이나 대중이 많이 모이는 장소에 가보면 어린 자녀들에게 스마트폰을 보여주는 모습을 종종 볼 수 있다. 이와 같은 모습을 볼 때마다 스마트폰을 대체할 수 있는 놀이나 콘텐츠의 개발이 시급하다는 생각이 든다. 자연과 더불어 오감을 만족시키면서 창의성을 돕고 상상력을 발휘하는 과거의 모습이 그립기도 하다. 앞으로는 디지털 전환으로의 시대적인 요구에 부응하는 균형 있는 제도가 마련되어야 할 것이다.

디지털 격차

세상이 디지털화 되고 있는 시대에 살고 있기에 우리의 삶은 편리해지고 있다. 새로운 기술의 변화와 빠른 디지털 보급으로 정보의 습득이나 활용면에 있어서 격차가 벌어지고 있다. '디지털 격차'가 생기고 있다.

'디지털 격차'란 디지털이 보편화되면서 디지털을 제대로 활용하는 층과 디지털을 이용하지 못하는 층 간의 격차를 의미한다. 이 디지털 격차로 인해 소득이 증가하는 층도 있고 전혀 이용하지 못해 계층 간의 격차가 커지는 것도 문제점으로 제기되고 있다. 이러한 문제점은 단순한 디지털 사용의 불편함을 넘어 경제적인 불균형의 발생으로 이어지기 때문에 미래사회에 중요한 해결 과제이기도 하다.

공공장소에 설치 된 키오스크의 사용만 보더라도 디지털에 익숙한 세대는 쉽게 사용할 수 있지만, 디지털 사용에 익숙하지 않은 취약 계층은 사용이 어려운 현실만 보더라도 차이는 쉽게 확인할 수 있다. 디지털 격차, 이 새로운 그림자는 빠르게 변화되는 정보의 흐름에 따라 모두가 더불어 혜택을 받을 수 있는 미래가 되도록 다양한 노력을 기울여야 한다. 디지털 격차로 인한 정보 활용과 경제적 불균형의 문제는 인간의 사고와 감정, 문화 등의 격차로 확대되어 나타나면서 사회적 계층 간의 격차로 갈등을 일으킬 수 있기 때문이다.

스마일 마스크 증후군

해리스택 설리번Harry Stack Sulivan(1892-1949)은 미국의 정신의학자이자 심리학자이다. 그는 "인간의 모든 문제는 인간관계에서 온다."는 말하면서 인간관계에 있어서 고민해 보지 않은 사람은 거의 없을 것이라는 말을 했다.

스마일 마스크 증후군이란 항상 밝은 모습을 유지해야 한다는 강박적인 사고로 부정적인 감정을 자연스럽게 표현하지 못하는 상태로 불안해하는 증상을 말하는데 감정노동자들에게서 자주 나타난다.

감정노동자들은 고객에게 항상 웃는 얼굴의 모습으로 응대해야 하고 각종 전화상담을 하면 고객에게 친절하고 상냥한 말투로 고객과의 서비스를 원활하게 진행해야 하는 방침에 따라 고통에 시달리게 되는 경우가 상당히 많다. 스마일 마스크 증후군이란 개념을 처음 사용한 일본의 마코토 교수는 서비스 직종에 종사하는 여성들의 경우에는 직장에 계속 다니기 위해서 항상 웃는 얼굴로 서비스를 해야 한다는 강박감이 있다고 했다.

어디 감정노동자뿐이겠는가? 현대인들 대부분 스트레스를 받고 있다고 해도 과언이 아닐 것이다. 실제로 조카들 중에 초등학교 3학년인 막내 조카가 있는데, 어느 날 조카와 나눈 대화 중에 '열 살인 자신도 스트레스를 받고 있다'는 말을 직접 들었을 때 마냥 웃고 넘길 일은 아니라는 생각을 하기도 했다.

감정은 인간의 본성 안에 자리를 잡은 것으로서 매우 중요해서 우리의 이러한 감정을 잘 알고 이해하고 각자의 방식으로 표현할 수 있다면 적절한 감정을 조절할 수 있으리라 생각이 든다. 일상생활에서 감정 조절이 어려운 경우에는 가까운 해당 지역 보건소나 정신건강복지센터를 방문하여 적극적인 도움을 받고 스트레스 검사도 해보시길 적극 추천드린다.

3. 디지털 소통방식

다음은 부모가 자녀의 디지털 기기와 스마트폰 사용에 대해 어떻게 대처하면 좋을지에 대해 몇 가지 소개하고자 한다.[36]

첫째, 자녀가 스마트폰을 사용할 때는 부모님이 함께하도록 하는 것, 즉 스마트폰은 부모와 자녀가 함께 사용하며 상호작용하는 도구로 사용한다.

둘째, 최대한 자녀들의 스마트폰 사용 시기를 늦추어 부모와 자녀의 따뜻하고 친밀감을 형성하는 관계를 통해 소중한 자녀의 정서와 지능이 충분히 발달할 수 있도록 자녀를 안전하게 보호하는 지혜가 필요하다.

셋째, 가정 안에서 스마트폰 사용이 허용되는 시간과 장소를 정해서 자녀와 함께 규칙을 정해서 지키는 것이다. 스마트폰뿐만 아니라 컴퓨터 사용 시간도 마찬가지로 시간과 장소를 정해서 사용하도록 한다.

이제는 청년이 된 우리 아들들이 어렸을 때 가정에서 함께 약속으로 지켜 사용했던 방법인데 꽤 유용한 방법이었다. 사용 시간도 자녀와 대화를 통해 결정하면 더욱 좋을 것이다.

넷째, 사소한 행동 같지만, 자녀들 스스로가 스마트폰을 끝낼 수 있는 습관을 돕는 것이다. 스스로 행동을 조절할 수 있는 습관을 익힘으

---

36 한국정보화진흥원(2016). 나와라, 스마트폰 세상 밖으로 참고하였음

로써 성취감을 얻게 되고 이 성취감은 자녀의 자존감에도 영향을 주게 된다. 스스로 조절할 수 있는 행동을 가정에서 실천했을 때 칭찬과 격려는 당신의 자녀를 행복한 아이로 성장하게 만드는 비결임을 기억하면 좋겠다.

마지막으로 스마트폰이나 게임을 마치고 나면 부모와 자녀가 함께하는 시간을 갖는 것이다. 가능하다면 오감을 활용한 놀이 방법이나 책을 함께 읽어주는 것, 신체를 활용한 놀이를 하는 시간을 가짐으로써 자녀와 가까워지는 대화를 하는 것이다.

바쁜 일상 중에 이런 방법이 가능할까 싶은 생각이 들 수도 있겠지만 하루하루가 아니어도 자녀와 함께하는 시간을 꾸준히 쌓아가다 보면 내 자녀와의 정서적인 거리를 적절하게 유지할 수 있다. 이러한 정서적 거리는 자녀들의 사춘기와 부모의 갱년기가 맞물리면서 겪어야 하는 힘든 상황을 쉽게 흘려보낼 수 있는 지혜로운 방법이 될 수 있을 것이다.

: 5장
디지털 세상

　어느새 사회는 초격차의 세상으로 변해가고 있다. 아침에 눈을 뜨면 새로운 변화가 생겨나고 인공지능, 사물 인터넷, 메타버스의 세상으로 일상의 무대가 달라지고 있다.

　청소년 진로교육을 강의할 때 일반적으로 학생들은 꿈과 끼도 다양하고 자신의 의사를 거침없이 표현하고 행동하는 편이라고 생각할 수 있다. 그러나 실제로 진로 교육 시간을 통해 가장 많이 학생들에게서 듣는 고민은 '꿈이 없다', '좋아하는 것이 뭔지 모르겠다.', '하고 싶은 게 없다.' '모르겠다.' 등의 답변을 하는 학생들이 많은 점이다. 그래서 진로와 진학이 고민이라고 말하는 학생들과 부모님들이 많은데 이와 같은 현상은 사실 과거에도 비슷했다. 어쩌면 과거보다 현재는 다양한 정보가 많다고 생각하겠지만 정보의 홍수 속에서 선택이 더 어렵다고 말을 하는 학생들도 있다. 진로는 남녀노소 모두에게 중요한 부분이기에 단순하지 않다.

그러나 중요한 것은 진로 선택이나 고민에 있어서 자신이 가장 중요한 주도권을 쥐고 있다는 것을 잊지 말아야 한다. 자신의 고민은 자신이 가장 잘 알고 있고, 해결 방법 역시 스스로가 가장 잘 알 수 있다. 그래서 시간에 대한 강박에서 벗어나 남과 비교하는 것에 감정을 허비하지 않으면서 오롯이 자신에 대한 사랑과 관심을 기울여 자신의 행복을 찾아가 보자. 결국 인간은 행복을 추구하는 존재이기 때문이다.

코로나와 함께 디지털과 친숙해지면서 변화된 것 중 하나는 꾸준한 글쓰기였다. 블로그를 만들고 강의와 관련된 것부터 시작해서 다양한 정보를 1일 1 포스팅했다. 초보 블로거로 하나하나 배워가면서 재미가 붙기 시작했고, 또 하나의 다이어리가 생긴 기분이 들어서 애정을 갖고 블로그에 글을 썼다.

놀랍게도 내 글에 관심을 갖고 꾸준히 읽어주며 공감과 댓글을 달아주는 이웃들이 늘어나기 시작했다. 나도 감사의 마음으로 블로그 이웃들과 소통을 했다. 더욱 감사한 일은 내가 운영하는 강의 과정에 대한 포스팅 글에 강사님들의 참여 신청이 블로그를 통해 이루어지기 시작했다는 점이다. 상상조차 하지 못했던 일이었다. 고마웠다. 코로나로 힘든 부분도 많았지만 생각지도 못했던 일들이 생겨나기 시작했다. 진심은 통한다고 했던가! 블로그를 통해 꾸준히 소통하는 애정어린 이웃들이 생김으로써 또 하나의 온라인 소통 채널이 늘어가고 있다.

블로그 이웃의 증가뿐 아니라 꾸준한 블로그 글쓰기 기록을 통해 나타난 또 다른 변화는 블로그 검색 유입을 통해 강의 섭외 요청이 늘어나고 있다는 사실이다. 디지털 안에서 기록이 쌓이면서 퍼스널 브랜딩이 되고 있다는 것을 보여 주는 점이다. 꾸준한 글쓰기 기록으로 이러한 변화를 맞이하게 되었다고 본다. 디지털 기록의 힘이다.

누구든지 가능하다. 처음 블로그 시작이 어렵다면 다른 분들의 블로그를 참고하면서 자신의 블로그를 차근차근 만들어가면 된다. 귀찮다고 미루지 말고 나의 스토리를 하나하나씩 쌓아간다는 생각으로 시작해 보면 어느새 당신의 블로그는 빛이 나고 있을 것이다.

디지털과 친숙해지고 변화된 것 중 두 번째는 강의 후기를 블로그에 올려주십사하는 당부였다. 사실 내 강의를 광고하며 홍보하는 것에 익숙하지 않은 내가 이렇게까지 변화된 것은 코로나19와 온라인 강의가 가져다준 변화이다. 여전히 익숙하지는 않지만, 강의 후기가 인터넷상에 하나둘씩 업데이트될 때마다 꼼꼼히 분석하고 감사의 마음도 전해 드리고 있다.

또한 카카오톡 채널을 통해 채널을 홍보하고 채널에 다양한 교육정보와 평생교육 전공자로서의 평생 학습 정보를 꾸준히 올리고 있다. 게다가 채널을 구독하신 독자분들께는 강의안 일부를 PDF 파일로 제작해서 공유하거나 강의에서 언급된 중요한 내용의 이미지 파일 등을 무료로 제공해 드리고 있다. 강의 내용 일부를 제공 받는 것에 대한 호기심은 참가자들에게는 관심과 유익한 정보를 제공하는 것이고, 강사에게는 더욱 자신의 강의에 대한 열정과 유익한 내용을 제공하기 위해 연구하는 모습을 갖추게 하는 것 같아 스스로에게도 많은 발전을 가져다준 계기였다.

fig.4-21 매일 1일 1 포스팅을 착실하게 쌓아가는 변향미 긍정교육연구소 네이버 블로그

fig.4-22 변향미 긍정교육연구소 공식블로그 부모성장교실 메뉴

현재는 좋은 내용의 글을 업데이트하기 위한 콘텐츠 발굴과 블로그 주제를 고민 중이다. 양질의 지식 콘텐츠로 스토리가 있는 블로그를 만들고 싶다. 그러기 위해 멈추지 않고 계속 변화하려고 노력 중이다. 언젠가는 나도 인플루언서가 될 수 있다는 희망을 꿈꾼다. 또 다른 내 꿈과 내 진로의 확장이다. 내 꿈의 내연과 외연의 확장을 만들며 가자. 너와 나, 우리 모두 함께 꿈꾸어보자.

요즘 TV나 인터넷에서 빈번하게 언급되는 단어 중에는 '디지털'과 '메타버스'가 있다. 메타버스 세상에서 일하고 돈을 벌고 물건을 구입하고 땅과 건물을 사는 일들이 계속 벌어지고 있다. 어쩌면 인간은 디지털 세상에서도 여전히 행복을 추구하고자 한다.

이제 우리가 주인공이 되어 보자.

디지털 세상에 주인공이 되어 보자.

디지털 세상을 누려 보기 위해 노력해 보자.

디지털 세상을 열어 보자.

누군가 손 잡아주고 알려주고 이끌어주길 바라기보다 나 스스로가 먼저 디지털 세상에 길을 개척해 가는 사람이 되어 보자. 디지털 세상을 마음껏 누려 보자.

삶에서 가장 파괴적인 단어는 '나중'

인생에서 가장 생산적인 단어는 '지금'

실패하고 불행한 사람은 '내일'

성공하고 행복한 사람은 '오늘'

<실행이 답이다> 이민규 저자

에필로그

사회적 거리두기는 완화되었지만 아직은 안심할 수 없다. 여전히 감염자는 늘고 있기 때문이다.

아침에 눈을 뜨면 지난밤 올린 글에 대한 반응과 댓글을 살펴보는 것으로 하루를 시작한다. 그리고 유튜브를 보고, 블로그에 글을 쓰며, 운영하고 있는 요리 인스타그램에 올릴 콘텐츠 제작을 위해 요리를 하거나 커리어 인스타그램에 올릴 직무적인 내용의 콘텐츠를 작업하기도 한다. 운동을 하고 식사를 한 뒤, 커피를 마시며 책을 읽는다. 그리고 그 책 내용을 요약해 블로그에 글을 쓰거나 유튜브 영상으로 편집해 유튜브에 올리고 페이스북으로 그 소식을 또 나른다. 이렇게 하루 종일 일상 속에서 디지털과 함께 한다.

다른 파트의 공저자들도 취미 생활이나 강의를, 그리고 책 쓰기를 디지털을 이용해 함께 만들어 나간다. 우리는 디지털을 떼려야 뗄 수 없는 시대에 살고 있고, 그 삶은 디지털 기술 격차가 빈부 격차로 올 수 있다고 믿는 일명 '디지털 세상'에서 이루어진다.

인간은 적응의 동물이기에 디지털 세상에서도 현명하게 적응해나갈 것이라 믿는다. 그 가운데 이 책이 함께 하기를 소망하며, 여러분의 디지털 라이프가 당신에게 부와 명예를 가져다줄 수 있기를 바란다.

2022년 6월 공저자 이혜정

저자소개

이혜정
메타디지털평생교육원(MDA)의 원장으로, 1인 기업가들이 'SNS로 자신의 브랜드를 홍보하는 방법', '메타버스', '유튜브 크리에이터 되기' 등의 강의로 바쁜 일상을 보내고 있다. 뿐만 아니라, 숭실대학교 벤처중소기업대학원 독서경영전략학과에서 '학습조직', '리더십' 등 '독서'를 통한 '인재경영'을 하는 MBA 과정을 공부하고, 법인 대표님들의 디지털 시대에 필요한 리더십과 홍보 전략 등의 컨설팅을 하고 있다. 2021년 1월 <아주 작은 성장의 힘>이라는 자기계발 서적을 공저하였다.

김혜경
버킷리스트가 한 권의 책이라는 꿈을 가진 분들에게 맛있는 책 쓰기 여행, 맛있는 전자책 여행의 안내자로 살고 있다. '펀펀힐링센터' 대표로 공감, 소통, 푸드테라피 등 '어쩌다 N잡러'로 재미, 의미, 감동을 전하는 열정의 강연자이기도 하다.
저서로는 <암치유 맘치유>(2015), <암, 내게로 와 별이 되다>(2020), 개인 에세이와 <나비, 날다>(2017), <사랑하길 잘 했다>(2021) 외 다수 동인시집, <책 쓰기의 진실>(2021), <군 부대 강의 노하우>(2021) 전자책이 있다.

최옥주　시간 낭비하는 것이 아까워 끊임없이 꼼지락하기를 좋아하다 보니 꼼지락덕후가 되었다. '아는 것 만큼이라도 나누자'는 생각으로 업사이클교육전문가, 도형미술지도사, 스마트폰활용지도사, 소셜마케팅관리사로도 활동 중이다. 50세가 되면서 으른 육아 <나를 돌보는 育我>로 글을 쓰며, 이모티콘 작가, 제페토 아이템 크리에이터, 디지털 드로잉을 하며 무료하지 않은 일상을 보내고 있다,
저서로는 <오늘 있는 그대로 행복해>(2018)가 있다.

변향미　삶을 사랑하고 긍정하며 강의하고 글쓰기를 좋아하는 긍정 마스터 변향미 강사는 특유의 환한 미소와 긍정에너지로 교육을 통한 변화를 일으키고 삶의 질을 향상시켜 현재와 미래를 연결해주는 코치이자 강사다.
이론과 현장의 경험을 겸비한 교육전문가로 생생하게 전달하고자 백석대학교 평생교육·HRD전공 박사과정 재학 중이며 현재 변향미긍정교육연구소를 운영하는 대표로서 활발한 교육활동을 진행하고 있다.
저서로는 <잘하고 있어요, 자라고 있으니까요>(2019), <내 꿈을 찾는 시간>(2021)이 있다.

fig.1-2. 관계부처 합동, 「한국판 뉴딜 2.0 - 미래를 만드는 나라 대한민국」, 2017, p.13

fig.1-3. https://디지털배움터.kr/

fig.1-21. 유튜브 커뮤니티 가이드 위반 기본사항 고객센터
https://support.google.com/youtube/answer/2802032

fig.1-25. John S·Jamais C·Jerry P,「Metaverse Roadmap」, A Cross-Industry Public Foresight Project, 2007, p.4

fig.1-26. Paul Milgram 외 1, IEICE Transactions on Information Systems, Vol E77-D, No.12, 1994, p.3

fig.1-27. https://metaversenews.co.kr/roblox-metaverse-stock